TRANSFORMAÇÃO INTERIOR

JUSSARA KORNGOLD

TRANSFORMAÇÃO INTERIOR

© Copyright 2020 by the United States Spiritist Council
1st edition, 1st print – October 2020
All rights reserved to
United States Spiritist Council
http://www.spiritist.us – info@spiritist.us
Book portal: https://is.gd/ussf1
Manufactured in the United States of America

ISBN: 978-1-948109-21-5
LCCN: 2020947806
Original: Inner Transformation (manuscript for a Talk)
Autora: Jussara Korngold
Tradução para o Português: Beth Madden
Revisão da tradução portuguesa: Lucas Ramos e Isoláquio Mustafa
Editado e revisado pelo Departamento Editorial e de Publicação do United States Spiritist Council, Inc.
Diagramação e editoração: H. M. Monteiro
Capa: Paula Wienskoski (ilustração: dreamstime.com@Nadiaforkosh)

K84t Korngold, Jussara
    Transformação Interior / Jussara Korngold ; tradução para o português: Beth Madden ; prefácio à versão portuguesa Isoláquio Mustafa..
    214p. : il.
    1. ESPIRITISMO. 2. VIDA ESPIRITUAL. 3. COMPORTAMENTO – MODIFICAÇÃO. 4.AUTOCONSCIÊNCIA. 5. AUTORREALIZAÇÃO. 6. JESUS CRISTO – INTERPRETAÇÕES ESPÍRITAS. 7. JESUS CRISTO – ENSINAMEN-TOS. 8. BEM – AVENTURANÇAS. 9. BÍBLIA E ESPIRITISMO.

I. Madden, Beth. II. Mustafa, Isoláquio. III. Ramos, Lucas Título

CDU 133.9 CDD 133.9   PeR – BPE 17-462

The name "United States Spiritist Federation" is a trade mark registered of the United States Spiritist Council.

TRANSFORMAÇÃO INTERIOR

Jussara Korngold

"Conhecereis a verdade e
a verdade vos libertará"
Jesus – João VIII:32

**UNITED STATES
SPIRITIST FEDERATION**
New York
2020

SUMÁRIO

PREFÁCIO
À VERSÃO PORTUGUESA

Trata-se de um importante trabalho da escritora e tradutora espírita Jussara Korngold. A autora, atual presidente da Federação Espírita dos Estados Unidos e Secretaria Geral do Conselho Espírita Internacional, vem prestando relevantes serviços de organização do movimento e de divulgação do Espiritismo no Hemisfério Norte, no Brasil e no mundo.

"Transformação Interior" não é um trabalho que traga conteúdo novo. Bem ao contrário, é bastante aderente aos princípios do Espiritismo e da Moral do Cristo. Estudando a Codificação Espírita, vamos encontrar diversos trechos que enfocam o tema da mesma forma como o faz a autora.

A estrutura da obra é composta pelos preceitos conhecidos como as Bem-aventuranças, que se constituem na primeira parte do imortal Sermão do Monte – farol do progresso da civilização planetária. Além dessa estrutura, observamos um relacionamento com as treze virtudes de Benjamin Franklin e os processos de melhoria moral desse "engenheiro" da nação estadunidense.

Franklin, aos espíritas nos é conhecido como o mentor das manifestações mediúnicas intermediadas pelas irmãs Fox em Hydesville[1]. Também o conhecemos como integrante da falange do Espírito da Verdade que nos legou inicialmente O Livro dos Espíritos e em seguida, o pentateuco kardequiano. Acrescente-se que esses temas de essencial relevância são aqui comentados com inteligência e em harmonia com pensamentos e exemplos advindos de escritores talentosos e respeitáveis.

---

1 História do Espiritismo – Arthur Conan Doyle – 1ª edição - 1960, 18a reimpressão – 2015, tradução de Júlio de Abreu págs. 86, 87 e 90 – Editora Pensamento.

Quanto ao aspecto estético não há retoques a fazer. Linguagem elegante, e resgate dos lindos exemplos de transformação moral de expoentes do cristianismo como Francisco, Agostinho, dentre outros. Em outras palavras: o que temos no trabalho de Jussara é beleza de linguagem, beleza nos conceitos, nas ilustrações e nos exemplos.

Qual a nossa pretensão em termos realizado revisão da tradução portuguesa com a preciosíssima colaboração do jovem estudante de medicina Lucas Ramos? Desejamos implantar reuniões de estudos, como o próprio desenvolvimento do trabalho sugere, nos centros espíritas e onde mais houver necessidade de educação moral.

Há, entretanto, uma razão inovadora e muito especial para nos dedicarmos a este trabalho e incentivar a criação de reuniões em torno deste livro: ao final das lições, Jussara formula convites à reflexão, quais sejam: nos próximos dias, anote os trechos desta lição que mais o tocaram; anote os aspectos que mais precisam ser trabalhados em você.

Tais convites, desprovidos de sofisticação e complexidades desnecessárias, deverão produzir imensos efeitos na transformação moral de todos nós os participantes dos eventos aqui propostos. Ao final do estudo, teremos um roteiro personalizado para própria melhoria e orientações que objetivam continuar atualizando e aperfeiçoando nossos roteiros.

Este livro faz parte do "Estudo Sistemático do Espiritismo" que foi desenvolvido em inglês pela Federação Espírita dos Estados Unidos e que estamos agora apresentando em português ao público brasileiro.

Esperamos que os leitores estejam aptos a perceber a enorme importância deste livro e venham a aderir como participantes, ouvintes e instrutores dos cursos dele decorrentes.

Desejamos a todos bons estudos e progressos morais.

ISOLÁQUIO MUSTAFA

ESTE LIVRO foi desenvolvido para nos ajudar a trabalhar na nossa transformação moral. Está fundamentado nas bem-aventuranças que Jesus pronunciou durante o Sermão do Monte, um dos mais famosos episódios da vida de Jesus na Terra contendo lindos ensinamentos sobre como melhorar nossa vida espiritual. É estruturado na lista das treze virtudes escritas por Benjamin Franklin como uma maneira de alcançar o progresso moral.

Agradecimento e Oferecimento

Deus é espírito e em espírito é que deve ser adorado. – Jesus – João.

Causa inicial de tudo o que existe, Inteligência Suprema e Soberana. Bondade infinita, Justiça perfeita e plena de Misericórdia. Pai Eterno!

Tudo é relativo, menos Tu senhor Deus; sois Imutável e Absoluto.

Nós te louvamos e agradecemos por nos ter dado a presença de tantas almas bondosas e sábias, desde o início da civilização até aos dias de hoje, que nos ensinam o caminho do Bem e do Progresso! Principalmente pela presença de Jesus, nosso guia e modelo.

Nós te agradecemos e reconhecemos a nossa imensa dívida para contigo por nos ter dado o ser, por nos ter criado por ato do teu Infinito Amor! Obrigado Senhor por nos ter legado e depositado em nosso íntimo a consciência guia incorruptível e o amor indestrutível; preciosas heranças que nos conduzirão à perfeição e à felicidade! Obrigado também por nos ter dotado do livre arbítrio, essa prova da tua sabedoria que quer que atinjamos a grande meta de perfeição pelos méritos do esforço próprio e da autotransformação.

INTRODUÇÃO

O s homens de gênio há séculos vinham envidando esforços para encontrar uma solução satisfatória para o grande problema do ser, do destino e da dor. As propostas apresentadas, quando não divorciadas da razão, eram constituídas de conceitos negativistas, pessimistas que tem levado seus seguidores ao desespero, à perda do objetivo da vida e até ao suicídio.

Graças à intervenção de inteligências superiores, a humanidade foi brindada com uma sólida e bela solução das questões essenciais da existência.

Esta solução, racional, goza do imenso privilégio de apoiar-se em inúmeros fatos muito bem constatados e conduz o pensamento ao resgate dos nobres objetivos da existência.

Temos agora o Espiritismo; uma magnífica filosofia espiritualista que harmoniza elementos até então conflitantes do pensamento: Religião e razão, ciência experimental e moral cristã.

Quando tudo parecia conspirar contra o conceito de valor da vida, surge na Europa do século XIX essa Luz; doutrina simples, de uma poderosa lógica, despida de superstições, que nos mostra as leis do mundo espiritual; leis que podem e devem ser estudadas com a razão.

O Espiritismo revela a Causa do Universo em um Ser superior a tudo, sobre humano, que exerce uma Justiça Perfeita, mas ao mesmo tempo cheio de misericórdia e Amor.

Mostra-nos que somos seres transcendentais, espirituais e indestrutíveis, pertencentes a dimensões superiores de existência momentaneamente revestidos de um corpo carnal e com possibilidades de entrarmos em comunicação com os afetos que atravessaram os portais da morte física.

O estudo da vida no mundo espiritual nos mostra que existem diferentes graus evolutivos entre os espíritos (que somos nós mesmos despidos do corpo material), que há aqueles pouco desenvolvidos, ignorantes, cujo nível de entendimento está situado abaixo do da humanidade terrestre, portadores de grande atraso moral, maldosos, grotescos, odiosos, vingadores, materializados.... Há outros um pouco mais desenvolvidos que possuem o conhecimento científico, apreciam e desenvolvem trabalhos de arte, entendem conceitos filosóficos, mas ainda carregam as marcas do egoísmo, do orgulho e da vida sensual. Somos nós que nos demoramos ainda em estágios de poucas virtudes.

Este estudo ainda nos esclarece que há espíritos mais desenvolvidos do que nós e que embora não tenham alcançado a perfeição, estão bem mais próximos a ela. São bondosos, sábios, conhecem a ciência da vida, ou são espíritos de sabedoria. Há nesse grau mais avançado os que reúnem em si as características de grande ciência e grandes valores morais; são os espíritos superiores.

Por fim, observamos a existência de seres que atingiram o grau completo de desmaterialização e de perfeição; são os espíritos puros. Esse é o nosso destino, o estado que atingiremos com esforços de auto superação e de aquisição de virtudes completas.

O Espiritismo demonstra por raciocínios ultra sólidos e por fatos que nosso eu, após desvincular-se do corpo material e de um tempo mais ou menos longo, deverá unir-se novamente a outro corpo que esteja em formação no ventre de uma mulher e retomar a vida física para cumprir a Lei da Evolução, a fim de alcançar a Perfeição completa.

Mostra-nos que o mundo espiritual é o mundo normal, preexistente e sobrevivente a tudo e que para entender a finalidade da existência é necessário saber que nesse mundo o que vale são as qualidades intrínsecas do ser: a inteligência, os conhecimentos, as habilidades e o valor moral.

Quanto maior soma de valores possuir, mais desenvolvido é o espírito (que somos nós mesmos), quanto mais saber e qualidades morais, mais próximo estará esse "eu" da Perfeição que é também o estado da Felicidade Plena.

Essa filosofia extraordinária também fornece o conhecimento das leis espirituais; esse conhecimento era o que faltava para compreendermos o sentido das palavras de Jesus. Palavras envoltas em um véu de mistério e simbolismo. O Espiritismo revela o que precisamos para compreender a racionalidade, a lógica e a grandiosidade do Cristianismo, autêntico, original, puro, como o Mestre nos legou e resgata a fé perdida nos escombros dos equívocos humanos.

O Espiritismo é a base filosófica deste livro. Este trabalho dedica-se à parte Ética da Filosofia Espírita. Aborda-a de uma forma não apenas conceitual, mas principalmente de uma forma processual. Ele nos ensina como trabalhar para obter o desenvolvimento moral e reúne em um pequeno volume excelentes orientações para a promoção da Transformação Interior.

Cada capítulo representa uma lição, que contém uma Bem-aventurança relacionada a uma ou algumas virtudes de Benjamin Franklin. Essas lições são propostas de implementação de reuniões de estudo e reflexão.

Há quem questione o valor de reuniões como estas, argumentando que a Transformação Interior é um trabalho individual. Concordamos que ninguém além de nós mesmos promoverá nossa melhoria espiritual; pertence exclusivamente à nossa liberdade tomar decisões e empregar esforços para o próprio aperfeiçoamento.

Admitimos que é de nossa responsabilidade individual avançar moralmente; tal constatação não nos autoriza, porém, a considerar inúteis reuniões de instruções e incentivos para a pessoa aperfeiçoar o comportamento em si mesma.

Segundo muitos nos têm dito, a leitura desse livro e a participação em estudos especializados de melhoria moral são efetivos e promovem resultados apreciáveis.

Cumpre observar também que o tema "moral cristã" é universal, não pertence a nenhuma seita. O fato de adotarmos o Espiritismo por base filosófica, não restringe o alcance e interesse deste trabalho a todas as outras religiões e filosofias, mesmo porque o Espiritismo é uma filosofia cujos princípios coincidem com os das grandes religiões do passado, bases das atuais.

O movimento espírita, sempre que acionado por pessoas esclarecidas estará aberto à participação dos indivíduos de diferentes correntes do pensamento filosófico e religioso. Isto por duas razões:

a) descobrimos que o valor espiritual, a felicidade no além-túmulo, a salvação como alguns dizem, não depende da forma de crer e sim da forma de ser.

b) porque o Espiritismo nada impõe, mas propõe.

Este livro chegou em muito boa hora, diante da imensa importância de promovermos o próprio progresso e também, nesse sentido, para ajudarmos nossos entes queridos.

Cumpre-nos, portanto, estudar e divulgar os ensinamentos aqui expostos.

AS BEM-AVENTURANÇAS

No Evangelho de São Mateus, o Sermão do Monte é um conjunto de preceitos de Jesus, que sintetiza seus ensinamentos morais. De acordo com os capítulos 5-7, Jesus de Nazaré, na época aproximada de 30 A.D., pronunciou este sermão aos seus discípulos e a uma grande multidão, enquanto permanecia nas encostas de uma montanha. As Bem-aventuranças encontram-se no início do sermão (sermão esse transmitido a céu aberto) e é uma de suas partes mais conhecidas. O sermão também contém o "Pai Nosso" e as injunções como "não resistais ao mal" (5:39) e "oferece a outra face", bem como uma versão da Regra de Ouro. Outras partes frequentemente citadas são as referentes ao "sal da terra", à "luz do mundo" e advertências como "não julgueis, para que não sejais julgados".

O Sermão do Monte é reconhecido como um discurso que, melhor do que todos os outros, ao longo da história, antes ou depois dele, captou a atenção e a imaginação de seus ouvintes.

"E aconteceu que, concluindo Jesus este discurso, a multidão se admirou da sua doutrina; porquanto os ensinava como tendo autoridade, e não como os escribas." (Mateus 7:28,29)

As pessoas, ouvindo Jesus naquele dia, certamente permaneceram magnetizadas desde as primeiras palavras; cativadas a partir da primeira sentença, pois Jesus lhes falava coisas, que superficialmente pareciam absurdas.

O Sermão do Monte, mesmo assim, não só afetou o público inicial de uma maneira profunda, como também continuou, da mesma forma, a ter um efeito maravilhoso em todos os que já leram essa mensagem no decorrer dos tempos. Na realidade, o Sermão do Monte moldou a História. Desde o segundo século, nenhum trecho das Escrituras de tamanho comparável, exerceu uma influência tão grande como o Sermão. No período pré-niceno, passagens desse discurso foram citadas ou referidas mais do que qualquer outra parte da Bíblia. Até à atualidade, aquelas palavras ainda desafiam profunda e indistintamente tanto cristãos como não-cristãos. Elas induziram Tolstoi a mudar completamente sua teoria social e influenciaram Gandhi no desenvolvimento de sua força política, conhecida como não-violência. Até mesmo Nietzsche, que se opunha aos ensinamentos do sermão, não ignorou suas palavras.

Mahatma Gandhi referia-se às Bem-Aventuranças com respeito, e foi profundamente influenciado por elas! Ao abrir sua Bíblia no Capítulo V do Evangelho Segundo Matheus, você nunca mais será o mesmo. Ambos, Gandhi e Martin Luther King chamaram essas passagens, que começam com as Bem-Aventuranças, de o maior manifesto à não-violência jamais escrito. De fato, elas são grandiosas por muitas razões: por serem comovedoras, por sensibilizarem a consciência, por sua inclinação poética, pela moralidade e aplicabilidade.

Para Gandhi o sermão todo poderia ser considerado à parte da figura histórica de Jesus. "Não importa para mim," ele disse uma vez, "se alguém demonstrasse que o homem Jesus nunca existiu e que o que nós lemos no Evangelho não é nada mais que um produto da imaginação do autor. O Sermão do Monte será sempre verdadeiro aos meus olhos."

Muitos Cristãos acreditam que o Sermão do Monte seja uma forma de comentário dos Dez Mandamentos e que Cristo seria o verdadeiro intérprete da Lei Mosaica. Uma maioria também acredita que ele contém os princípios centrais a serem seguidos pelos cristãos.

O Sermão do Monte começa com as nove Bem-aventuranças. Estes preceitos suplementam os Dez Mandamentos do Velho Testamento transmitidos a Moisés no Monte Sinai. As leis do Velho Testamento falam daquelas coisas que não se deve fazer, e carregam um certo senso de severidade. As leis do Novo Testamento, ao contrário, falam daquelas coisas que se deve fazer, e transmitem a fragrância do amor.

Os antigos Dez Mandamentos foram escritos em tabuletas de pedra e ensinados por meio de uma educação exterior. As leis do Novo Testamento também foram escritas em tabuletas: nas tabuletas dos corações confiantes. Se alguém considerar o sermão que Jesus Cristo pronunciou na montanha com devoção e seriedade, como está escrito no Evangelho de Mateus, ele encontrará o perfeito e mais alto padrão moral para uma vida cristã, como podemos encontrar nas palavras do próprio Jesus:

Bem-aventurados os humildes de espírito, porque deles é o reino dos céus.

Bem-aventurados os que choram, porque eles serão consolados.

Bem-aventurados os mansos, porque eles herdarão a terra.

Bem-aventurados os que tem fome e sede de justiça, porque eles serão fartos.

Bem-aventurados os misericordiosos, porque eles alcançarão misericórdia.

Bem-aventurados os limpos de coração, porque eles verão a Deus.

Bem-aventurados os pacificadores, porque eles serão chamados filhos de Deus.

Bem-aventurados os que são perseguidos por causa da justiça, porque deles é o reino dos céus.

Bem-aventurados sois vós, quando vos injuriarem e perseguirem e, mentindo, disserem todo mal contra vós por minha causa.

Alegrai-vos e exultai, porque é grande o vosso galardão nos céus; porque assim perseguiram aos profetas que foram antes de vós. (Mateus 5:3–12)

AS TREZE VIRTUDES

B enjamin Franklin, no começo de seus 20 anos, elaborou uma lista de treze virtudes que acreditava ser importante guia para viver. Essas virtudes podem ser divididas naquelas relacionadas ao comportamento pessoal (temperança, ordem, resolução, frugalidade, diligência, limpeza e tranquilidade) e naquelas relacionadas ao caráter social (sinceridade, justiça, moderação, silêncio, castidade e humildade). Franklin tentou seguir essas diretrizes durante sua vida, embora algumas vezes falhasse. Deveríamos considerar o valor dessas virtudes e segui-las em nossa vida.

Em 1726, enquanto fazia uma viagem de navio por 80 dias entre Londres e Filadélfia, Benjamin Franklin desenvolveu um plano e uma tabela para controlar sua conduta futura.

Seu plano consistia de uma tabela com as treze virtudes. Ele se comprometeu em devotar total atenção para uma virtude por semana; assim depois de treze semanas ele tinha se dedicado a todas elas.

Ele repetia este plano quatro vezes ao ano. Mantinha uma tabela diária dos 13 objetivos, e marcava um ponto naquelas que falhava durante o dia.

Vamos então começar esta jornada para nos conhecer melhor e trabalhar em nossa renovação pessoal, ou como dizia Franklin[2], para que nós possamos ressurgir em nova e mais elegante edição, revisada e corrigida pelo autor, ainda nesta vida. Não há tempo a perder.

• Temperança: não coma com estupidez nem beba em excesso;

• Silêncio: fale tão somente o que pode beneficiar os outros ou a si mesmo. Evite conversas banais;

---

2 Epitáfio do Jovem Benjamin Franklin.

- ORDEM: deixe todas as coisas (assuntos) terem seu lugar. Que cada parte dos seus assuntos tenha seu tempo;
- RESOLUÇÃO: decida realizar o que se deve; execute sem falhas o que você decidir realizar;
- FRUGALIDADE: não faça gastos, senão para fazer o bem a outros ou a si mesmo; não desperdice nada;
- DILIGÊNCIA: não perca tempo. Trabalhe sempre em algo útil. Corte todas as ações desnecessárias;
- SINCERIDADE: não seja ofensivo; pense inocentemente e com justiça e, se falar, fale adequadamente;
- JUSTIÇA: não cause dor fazendo injúrias, ou omita algum benefício que seja seu dever;
- MODERAÇÃO: evite extremismos, contenha ressentimentos, mesmo algumas vezes merecidos;
- LIMPEZA: não tolerar nenhuma impureza no corpo, no vestuário ou na moradia;
- TRANQUILIDADE: não ser perturbado por bobagens, ou em situações (acidentes) comuns ou inevitáveis;
- CASTIDADE: raramente se dê à luxúria, com exceção de saúde e procriação, e nunca por estupidez, fraqueza, ou prejuízo próprio ou de outro;
- HUMILDADE: imite Jesus e Sócrates

1

AUTOCONHECIMENTO
SINCERIDADE
CONHECE-TE A TI MESMO

"Conhecereis a verdade e a verdade vos libertará" – Jesus – João VIII:32

O antigo aforismo grego "Conhece-te a ti mesmo" foi certa vez inscrito em letras douradas no átrio do Templo de Apolo em Delfos. Desde então, ele deixou uma marca indelével em nossas mentes, em todas as culturas e sua influência nos tempos modernos é mais forte do que nunca. A frase "conhece-te a ti mesmo" tornou-se sinônimo de auto realização e autoconhecimento.

A origem deste famoso aforismo tem sido atribuída a pelo menos seis antigos sábios gregos:

Chilon (ou Quilon) de Esparta (Chilon I 63,25)

Heráclito

Pitágoras

Sócrates

Sólon de Atenas

Tales de Mileto

Em *O Livro dos Espíritos*, questão 919 e 919a, Allan Kardec pergunta aos espíritos sobre autoconhecimento. A resposta iluminada vem do espírito Santo Agostinho.

919. Qual o meio prático mais eficaz para se melhorar nesta vida e resistir aos arrastamentos do mal?

— Um sábio da Antiguidade vos disse: "Conhece-te a ti mesmo."

A regra orientadora de Sócrates, "conhece-te a ti mesmo", é de significância eterna. Nenhum conselho melhor jamais foi dado a um homem ou mulher. Um profundo entendimento sobre toda a criação se inicia quando se começa a explorar esse ditado.

A abordagem Socrática começa com a suposição de que a falta do autoconhecimento é simplesmente uma forma de ignorância, que deve ser combatida da mesma maneira que outras ignorâncias são combatidas – isto é, substituindo ignorância por conhecimento. "A alma, …deve ser autoquestionada a respeito de sua ignorância e para dentro dela mesma."

919 a) - Conhecemos toda a sabedoria desta máxima, porém a dificuldade está precisamente em cada um conhecer-se a si mesmo.

Qual o meio de consegui-lo?

"Fazei o que eu fazia, quando vivi na Terra: ao fim do dia, interrogava a minha consciência, passava revista ao que fizera e perguntava a mim mesmo se não faltara a algum dever, se ninguém tivera motivo para de mim se queixar. Foi assim que cheguei a me conhecer e a ver o que em mim precisava de reforma. Aquele que, todas as noites, evocasse todas as ações que praticara durante o dia e inquirisse de si mesmo o bem ou o mal que houvera feito, rogando a Deus e ao seu anjo de guarda que o esclarecessem, grande força adquiriria para se aperfeiçoar, porque, cede-me, Deus o assistiria. Dirigi, pois, a vós mesmos perguntas, interrogai-vos sobre o que tendes feito e com que objetivo procedestes em tal ou tal circunstância, sobre se fizestes alguma coisa que, feita por outrem, censuraríeis, sobre se obrastes alguma ação que não ousaríeis confessar. Perguntai ainda mais: "Se aprouvesse a Deus chamar-me neste momento,

teria que temer o olhar de alguém, ao entrar de novo no mundo dos Espíritos, onde nada pode ser ocultado?"

"Examinai o que pudestes ter obrado contra Deus, depois contra o vosso próximo e, finalmente, contra vós mesmas. As respostas vos darão, ou o descanso para a vossa consciência, ou a indicação de um mal que precise ser curado.

"O conhecimento de si mesmo é, portanto, a chave do progresso individual. Mas, direis, como há de alguém julgar-se a si mesmo? Não está aí a ilusão do amor-próprio para atenuar as faltas e torná-las desculpáveis? O avarento se considera apenas econômico e previdente; o orgulhoso julga que em si só há dignidade. Isto é muito real, mas tendes um meio de verificação que não pode iludir-vos. Quando estiverdes indecisos sobre o valor de uma de vossas ações, inquiri como a qualificaríeis, se praticada por outra pessoa. Se a censurais em outrem, não na poderia ter por legítima quando fordes o seu autor, pois que Deus não usa de duas medidas na aplicação de Sua Justiça. Procurai também saber o que dela pensam os vossos semelhantes e não desprezeis a opinião dos vossos inimigos, porquanto esses nenhum interesse têm em mascarar a verdade e Deus muitas vezes os coloca ao vosso lado como um espelho, a fim de que sejais advertidos com mais franqueza do que o faria um amigo. Perscrute, conseguintemente, a sua consciência aquele que se sinta possuído do desejo sério de melhorar-se, a fim de extirpar de si os maus pendores, como do seu jardim arranca as ervas daninhas; dê balanço no seu dia moral para, a exemplo do comerciante, avaliar suas perdas e seus lucros e eu vos asseguro que a conta destes será mais avultada que a daquelas. Se puder dizer que foi bom o seu dia, poderá dormir em paz e aguardar sem receio o despertar na outra vida.

"Formulai, pois, de vós para convosco, questões nítidas e precisas e não temais multiplicá-las. Justo é que se gastem alguns minutos para conquistar uma felicidade eterna.

Não trabalhais todos os dias com o fito de juntar haveres que vos garantam repouso na velhice? Não constitui esse repouso o objeto de todos os vossos desejos, o fim que vos faz suportar fadigas e privações temporárias? Pois bem! Que é esse descanso de alguns dias, turbado sempre pelas enfermidades do corpo, em comparação com o que espera o homem de bem? Não valerá este outro a pena de alguns esforços? Sei haver muitos que dizem ser positivo o presente e incerto o futuro. Ora, esta exatamente a ideia que estamos encarregados de eliminar do vosso íntimo, visto desejarmos fazer que compreendais esse futuro, de modo a não restar nenhuma dúvida em vossa alma. Por isso foi que primeiro chamamos a vossa atenção por meio de fenômenos capazes de ferir-vos os sentidos e que agora vos damos instruções, que cada um de vós se acha encarregado de espalhar. Com este objetivo é que ditamos O Livro dos Espíritos."

SANTO AGOSTINHO.

"Muitas faltas que cometemos nos passam despercebidas. Se, efetivamente, seguindo o conselho de Santo Agostinho, interrogássemos mais amiúde a nossa consciência, veríamos quantas vezes falimos sem que o suspeitemos, unicamente por não perscrutarmos a natureza e o móvel dos nossos atos. A forma interrogativa tem alguma coisa de mais preciso do que qualquer máxima, que muitas vezes deixamos de aplicar a nós mesmos. Aquela exige respostas categóricas, por um sim ou não, que não abrem lugar para qualquer alternativa e que são outros tantos argumentos pessoais. E, pela soma que derem as respostas, poderemos computar a soma de bem ou de mal que existe em nós".

ALLAN KARDEC.

OBSERVAÇÃO: No final deste livro, no anexo I, compusemos uma relação de frases extraídas da resposta à pergunta 919a para enfatizar o conteúdo operacional do ensinamento de Agostinho.

COMO PODEMOS NOS CONHECER MELHOR?

A sinceridade, uma das 13 virtudes de Benjamin Franklin, pode nos ajudar no processo de autoconhecimento. Através do uso de pequena autoanálise podemos facilmente afirmar que a sinceridade é absolutamente necessária, porque não será tentando nos enganar ou sendo condescendentes com nossos erros que iremos adquirir autoconhecimento e, portanto, sermos capazes de trabalhar nas áreas que precisem ser melhoradas.

A máxima "conhece-te a ti mesmo" é bonita em palavras, mas aqueles que já tentaram sabem que uma das maiores barreiras é serem capazes de se verem objetivamente e sinceramente. Todos nós temos preconceitos internos sobre quem somos, e estes preconceitos podem colorir nossa autoimagem. É muito difícil nos ver como os outros nos veem. Frequentemente, nós não podemos ser objetivos sobre o nosso emocional porque criamos defesas internas que impedem uma auto avaliação correta.

Nossos "insights" sobre nós mesmos geralmente contêm um número conveniente de pontos obscuros. O indivíduo auto realizado, que pode falar livremente e honestamente de suas falhas e habilidades, é raro.

Conhecer-se é na verdade uma jornada para toda uma vida que deveria começar com total segurança nas observações e experiências pessoais que vivenciamos até agora.

Descobrir o que realmente se passa em nossa mente é uma vantagem para nós. Mas como podemos fazer isso quando grande parte de nossa vida mental não está disponível para introspecção? Não é fácil, mas há um número de caminhos que se abrem para nós. Primeiro, podemos tentar sermos observadores atentos do nosso próprio comportamento (Bem, 1972). Nós podemos tentar nos ver através dos olhos de outras pessoas, ou pelo menos considerar a possibilidade de que elas possam ter captado alguma coisa que nos escapou.

Podemos tentar aprender sobre nós mesmos através da leitura e assimilando novas descobertas na ciência da psicologia. A maior parte de nós já presta atenção às descobertas da medicina do corpo (exemplo: que fumar é prejudicial), e é preciso um pequeno esforço da imaginação para percebermos que nós podemos aprender da mesma maneira sobre o nosso ser psicológico.

Existem ainda outros aspectos que precisam ser analisados quando falamos sobre autoconhecimento: auto enaltecimento e auto verificação.

Auto enaltecimento é quando a pessoa foca mais em suas características positivas que nas negativas. Auto verificação, refere-se à preferência da informação correta sobre ela mesma, seja ela positiva ou negativa. Na essência, parece que as pessoas se auto enaltecem mais do que se auto verificam. Por exemplo, nós preferimos informações detalhadas de nossos traços positivos mais do que dos negativos.

Nós também tendemos a invalidar os traços negativos centrais de nossa identidade ao oposto daqueles periféricos. Quando as pessoas nos veem de uma maneira positiva por causa de uma certa característica, nós fazemos o mesmo. E quando nós vemos pessoas com um certo traço positivo, nós novamente nos auto enaltecemos. Quando pensamos nas próprias características, o conceito de nós mesmos é uma estória que nossa mente inconsciente cria sobre nós mesmos, e essa estória pode não ser verdadeira. É difícil ter acesso às informações corretas a respeito de nós mesmos. Não se consegue muito da introspecção e reflexão. Portanto, esta é uma estória que usamos para nos sentirmos melhores e para um melhor relacionamento com membros do grupo.

Uma vida não questionada não merece ser vivida.

PLATÃO

Autoconhecimento e mudança interior

Para iniciarmos a processar as mudanças é preciso percebermos que é essencial identificarmos maneiras de melhorar nosso autoconhecimento. Se olharmos para dentro de nós mesmos podemos ver nosso mundo interior de pensamentos, sentimentos e emoções, e assim vamos entendê-los. Como resultado, seremos capazes de reconhecer o que nos faz sentir tristeza, alegria e até mais espiritualizados.

Usando essa técnica de avaliação podemos começar a programar nossa transformação moral. Dessa forma, poderemos trabalhar naquilo que precisa ser mudado em nossas ações, em nossas vidas, e na forma em que nos relacionamos com os outros. Seremos capazes de desvendar nossos segredos íntimos e embarcar numa incrível jornada para a nossa autotransformação.

Entretanto, é crucial remover certos conceitos enraizados que nos colocam para baixo, assim como: "Eu nunca conseguirei melhorar", "Nunca consigo o que quero" ou "Nunca serei feliz." As melhoras acontecem quando trabalhamos por elas. Frequentemente, achamos o que procuramos, mas é preciso reconhecer quando isso acontece. Aqueles que acreditam que nunca irão encontrá-las, geralmente não percebem o que está bem em frente deles.

Aqui está uma estória para ilustrar a situação: Um homem está sentado no telhado de sua casa olhando toda a vila inundada, inclusive sua casa. O nível da água continua subindo. Um homem vem com um pequeno barco e pede a ele que entre, mas ele diz que está esperando por Deus para socorrê-lo. Um pouco depois, um helicóptero circula e joga uma corda e uma cadeira para levantá-lo, mas o homem diz que ele quer que Deus venha socorrê-lo.

O homem se afoga, vai para o céu e pergunta a Deus, "Onde estava você quando eu precisei?" Deus responde, "Eu lhe enviei um barco e um helicóptero. Você aceitou a minha ajuda?"

Se existe a vontade, você encontrará uma maneira de chegar lá, ou pelo menos o mais perto possível. Se existe a vontade para a mudança, você decididamente pode mudar. Se você não tem a vontade para mudar, então ninguém pode lhe mostrar como. Lembre-se, é mais fácil corrigir-nos do que corrigir os outros, mas precisamos estar querendo mudar.

Quem conhece os outros é inteligente. Quem conhece a si mesmo é iluminado. Quem vence os outros é forte. Quem vence a si mesmo é invencível.

TAO TE CHING

LEITURA COMPLEMENTAR

Recomendamos ao leitor a leitura do texto abaixo, sublinhando os trechos que mais o tocaram, e que mais sente precisam ser trabalhados em si mesmo.

Na corrida desenfreada das competições, muitos temem desvelar os sentimentos nobres que neles vigem, a fim de não serem tidos em condição de inferioridade, já que os valores de dignificação humana, de beleza, de elevação moral, recebem chocarrice, passando à condição de debilidade mental, quando não, considerados como desvios de personalidade.

Faz-se urgente a coragem para romper com as colocações falsas e sobrepor-se às insinuações malévolas, não dando guarida à sanha contundente do pessimismo nem da agressividade para viver Jesus.

A implantação do Cristianismo, nos dias hodiernos, é um trabalho de reeducação dos velhos hábitos, revolucionando o comodismo e sacudindo a poeira acumulada sobre os seus mais graves comportamentos, a fim de que brilhe a luz...

É claro que muitos testemunhos se fazem exigidos, de modo a comprovar, para os outros, a excelência dos seus conceitos, no comportamento feliz de quem se candidata a este mister.

Outro, porém, não foi o ônus exigido aos primitivos seguidores de Jesus. Humilhados e subestimados, sob perseguições insidiosas e inclementes, eles souberam arrostar as consequências da escolha feita, logrando, pelo exemplo, sensibilizar inclusive, os que os hostilizavam.

A situação, de certo modo, é quase a mesma.

Há enfraquecimento dos postulados da fé e descrédito quanto à legitimidade do ensino, naqueles mesmos que o professavam.

Cumpre reestabelecer a pujança da experiência cristã, não receando

os discípulos espiritas do Evangelho as injunções humanas nem as humanas situações dominantes, reeducando-se nas linhas severas da Doutrina Espírita, em proveito próprio e no dos nossos semelhantes, num veemente apelo à que, com Jesus, a Humanidade e o mundo se transformem para melhor, mediante a real implantação dos seus ensinos, conducentes a superiores padrões de conduta.

Esse labor tem urgência, e todos aqueles que convivem com a Imortalidade, sabendo do alto e nobre compromisso da reencarnação, devem agir com segurança para que os chegados tempos não passem, deix7ando-os na retaguarda do progresso.

(*Enfoques Espíritas* – pelo espírito Vianna de Carvalho por intermédio de Divaldo Pereira Franco)

2

Humildade e Orgulho
HUMILDADE

Objetivo

Analisar a importância de ser humilde, tendo como base a primeira bem-aventurança ensinada por Jesus no Sermão do Monte, e correlacionar este ensinamento com uma das treze virtudes de Benjamin Franklin: Humildade.

1. Bem-aventurados os pobres de espírito, porque deles é o reino de Deus.

Bem-aventurados os pobres de espírito, porque deles é o reino dos Céus. (Mateus, 5:3)

Muitos ficaram confusos sobre quem Jesus tinha em mente quando se referiu aos "pobres de espírito". Ele não quis dizer que eram os desprovidos de inteligência, mas sim que para entrar na Vida Espiritual em boas condições, a pessoa deve cultivar a simplicidade do coração e humildade de espírito. Também quis deixar bem claro que, se uma pessoa tivesse apenas duas qualidades especiais: simplicidade e humildade, essa pessoa, mesmo que fosse ignorante (desprovida de conhecimentos), teria uma melhor chance de prosperar e evoluir no mundo espiritual do que uma pessoa inteligente que pense ser mais sábia até do que o próprio Deus, como sucede algumas vezes com os orgulhosos. Conforme o pensamento de Jesus, a humildade é uma virtude que aproxima as pessoas de Deus, e o orgulho é um defeito que as distancia mais e mais Dele, pois, a humildade leva à submissão a Deus, enquanto o orgulho alimenta a rebeldia contra ele.

Este ensinamento de Jesus é consequência do princípio da humildade, que ele incessantemente apresenta como condição essencial para a felicidade. O mesmo pensamento fundamental é encontrado nas máximas "Aquele que quiser ser o maior seja o que sirva" e "Quem se humilha será exaltado e quem se exalta será humilhado."

Se Jesus prometeu que os pobres e humildes seriam mais facilmente admitidos ao reino dos Céus, é porque riqueza e poder frequentemente trazem consigo o orgulho e a vaidade, enquanto uma vida simples e de muito trabalho é muito mais propícia para conduzir ao progresso moral. No cumprimento das tarefas diárias em seu estilo de vida, um trabalhador é menos frequentemente assediado pela tentação e desejos prejudiciais, porque há oportunidades frequentes para meditar e desenvolver a própria consciência. O indivíduo do mundo, pelo contrário, é absorvido pelas atividades frívolas de prazer e/ou especulação.

De modo geral em nosso mundo, homens e mulheres com muito conhecimento intelectual consideram-se tão eruditos que pensam que acreditar em Deus, ou em qualquer assunto espiritual, os diminui perante seus semelhantes. De fato, alguns vão tão longe a ponto de acreditarem sejam tão sábios que podem negar a existência de Deus, afirmando que qualquer coisa neste mundo pode ser explicada pelas suas ciências, sem ser necessário recorrer a Deus.

Pelo motivo de não admitirem que as coisas podem acontecer além do alcance de suas visões ou ações, não concebem a existência de mundos invisíveis. Estão tão convencidos de sua sabedoria que está muito além deles reconhecer as recompensas reservadas exclusivamente para aqueles que são "pobres de espírito", ao contrário deles, humildes.

O orgulho é também a origem dos nossos sofrimentos na vida de além-túmulo, pois suas consequências vão além da morte. O Espiritismo nos mostra que aqueles que ocuparam posições importantes na vida terrena frequentemente vão encontrar-se em condições inferiores no mundo espiritual. Por outro lado, muitos dos que não tiveram funções importantes na Terra, mas utilizaram seu tempo cultivando virtudes espirituais, ocupam no mundo espiritual posições mais elevadas e confortáveis. Da mesma maneira, o Espiritismo nos ensina que pessoas investidas de posições importantes em sua vida terrestre se forem dominadas pela ambição e pelo orgulho, acabam tendo de viver em situação de extrema dificuldade em encarnações futuras. Um pouco de sabedoria e humildade pode nos preservar de ter de enfrentar essas atribulações.

Todas as pessoas, das mais altas posições às mais baixas, são feitas do mesmo barro. Se vestidos em seda ou trapos, seus corpos são animados pelo mesmo tipo de espírito e todos se encontrarão no mundo futuro. Então e só então, e somente pelos seus valores morais, eles serão distinguidos. O maior aqui na Terra pode tornar-se um mendigo no espaço, e inversamente, o mendigo na Terra pode vestir um robe deslumbrante no Mundo Espiritual. Não vamos desprezar ninguém, e não sejamos orgulhosos - pois ninguém sabe o que o amanhã pode trazer.

2. HUMILDADE – IMITE JESUS E SÓCRATES

Consciente que seu caráter precisava ser aperfeiçoado, Benjamin Franklin tomou a tarefa de escrever uma lista de virtudes. Ele concebeu e redigiu um plano no que identificou as virtudes que julgava importantes. Seu conselho para atingir a humildade é muito simples, porém profundo: Imite Jesus e Sócrates.

A lista original das virtudes de Benjamin Franklin era na verdade composta de doze virtudes, em vez de treze. Explica Franklin: "Minha lista de virtudes continha, inicialmente, doze; mas um amigo Quaker gentilmente me informou que eu era geralmente visto como orgulhoso; que meu orgulho mostrava-se frequentemente nas conversas, que eu não ficava satisfeito apenas em discutir algum assunto, mas que eu era arrogante, e quiçá insolente, e assim ele me convenceu, mencionando vários exemplos; determinei a mim mesmo empregar esforços para curar-me, se eu pudesse, deste defeito ou desatino entre os demais, e acrescentei a Humildade à minha lista, dando um sentido amplo à palavra. Quando um outro afirmasse algo que eu acreditasse ser um erro, eu me neguei o prazer de contradizê-lo de forma abrupta, e de mostrar imediatamente o absurdo em sua posição, e em consequência, comecei por observar que em certos casos ou circunstâncias sua opinião seria correta, mas no presente caso, pareceu-me diferente, etc. Eu logo encontrei a vantagem dessa mudança na minha maneira de ser; as conversas em que participei ficaram mais agradáveis. A forma modesta com a qual propunha as minhas opiniões encontrou uma pronta recepção e menos contradição quando estive errado, e eu mais facilmente convenci os outros a desistirem de seus erros e juntarem-se a mim quando eu tinha razão."

"Em realidade, não há nenhuma de nossas características naturais tão difíceis de superar como o orgulho. Lute contra ele, sufoque-o, agrida-o, mortifique-o tanto quanto puderes. Ele ainda estará vivo, e de vez em quando reaparecerá a exibir-se, vocês o verão, talvez frequentemente, nesta história; mesmo que imaginemos que o vencemos completamente, nós provavelmente ainda demonstraremos orgulho da nossa humildade." (*Autobiografia* de Benjamin Franklin)

3 . ORGULHO

Se alguém tivesse o direito de ser orgulhoso, teria de ser Deus. Afinal, Ele criou o Universo sem a sua ou a minha ajuda. Deus é incriado eterno, e completamente perfeito. Ele mesmo habita em luz inacessível. Tem todo poder, é glorioso, perfeito em beleza e esplendor, onisciente – nada nem ninguém pode comparar-se a Ele. Deus é o único qualificado para ser orgulhoso. E ainda assim, é humilde.

O Orgulho é a maior praga da humanidade. Orgulho é a motivação da crença de que o "EU" deve vir antes de tudo e de todos. É o orgulho que nos leva ao ódio, à inveja, aos desejos inferiores, à criminalidade e a todas as outras coisas que nos fazem considerar superiores aos nossos semelhantes. O orgulho procura tirar vantagens dos outros, a quem considera inferiores, a fim de satisfazer-se.

O orgulho tem muitas faces. Pode ser visto por exemplo no egoísmo, com atitudes do tipo: "Qual será minha vantagem nisso?" Orgulho é claramente rebelde, um poder que luta contra a autoridade, não importa se forem pais, professores, patrões ou até mesmo Deus. Uma pessoa orgulhosa odeia o fato de que alguém possa ser superior a ela; pensa que isso a rebaixa perante os outros.

Os orgulhosos são facilmente ofendidos, guardam rancor, e não estão dispostos a perdoar. Eles são intratáveis e teimosos, não mudam suas ideias para aceitar a verdade, porque fazê-lo implica que estavam errados. Os orgulhosos se recusam a aprender a humildade e, ao invés, vivem suas vidas atribuindo prioridade a si mesmos, enquanto consideram as vidas das outras pessoas inferiores às deles, e secundárias ante suas necessidades e desejos.

A mente de um indivíduo orgulhoso procura construir tudo em seu mundo interno para fornecer contínua adoração e louvor a si mesmo, ao seu ego. Ele organiza suas conquistas e realizações em uma fixação interna, e as contempla com autossatisfação. Se outros parecem se sobressaírem mais, o indivíduo orgulhoso procura encontrar uma maneira de diminuí-los ou encontrar-lhes falhas. O orgulho tem muitos sintomas e características. A parte mais difícil dele é que é muito difícil vê-lo em nós mesmos! Comumente pessoas que abominam o orgulho nos outros são aquelas que são elas mesmas as mais orgulhosas.

O orgulho não só nos impede de receber carinho dos outros, mas também torna impossível a nossa melhoria, nos enganando quanto ao nosso valor e nos cegando quanto aos nossos defeitos. É somente por um exame rigoroso de nossos pensamentos e ações que podemos ter esperança de nos reformar. Como é possível a um indivíduo orgulhoso se submeter a esta autoanálise? De todas as pessoas, a pessoa orgulhosa é a última a conhecer a si mesma.

Deslumbrada consigo mesma, nada pode abrir-lhe os olhos uma vez que tem o cuidado em evitar aqueles que podem esclarecê-la. O orgulho dificulta-nos de ver as verdades. Para podermos estudar o Universo e suas leis de modo proveitoso, são necessárias acima de tudo simplicidade, sinceridade e clareza de pensamento, mente e coração abertos – e essas qualidades não se encontram em pessoas orgulhosas. O pensamento do que transcende à sua compreensão é intolerável e seu orgulho o descarta prontamente. Um indivíduo assim sofre sob a ilusão de que sua opinião abrange os limites do possível, e a própria ideia de que seu conhecimento e compreensão possam ter limitações é difícil para ela admitir.

Ironicamente, recusando-se a aceitar o fato de que existe uma inteligência e ações muito superiores às nossas – a inteligência universal de Deus – eles sabotam o processo da própria evolução intelectual, bem como a expansão do conhecimento que tanto valorizam.

Aquele que é simples e humilde de coração alcança a verdade, apesar de uma possível inferioridade mental, mais rapidamente do que o indivíduo presunçoso que é vaidoso sobre o conhecimento terreno e se rebela contra a lei que, uma vez reconhecida, revela a própria pequenez.

Todos os seres humanos são iguais na balança divina e só as suas virtudes os distinguem uns dos outros aos olhos de Deus. Todos os espíritos são de uma única e mesma essência e todos os corpos são feitos da mesma substância. Caridade e humildade são os únicos títulos de nobreza que importam na vida espiritual.

O orgulho é uma vã tentativa de suprir uma profunda necessidade emocional que temos de afirmação, mas se nós pudermos perceber que já somos imensamente importantes para Deus, que pesa nossas ações e suas consequências com muito cuidado, podemos nos libertar do orgulho.

4 . Como podemos superar nosso orgulho e nos tornar humildes?

A resposta é muito simples. Podemos praticar a humildade. Humildade em ação combate o orgulho. O orgulho está em nossa natureza e humildade é algo que precisamos aprender. Humildade não é uma característica que temos naturalmente. Portanto, a humildade deve ser uma escolha consciente que podemos incorporar em nossas tentativas diárias para melhorar o modo como vivemos nossas vidas. Toda situação que enfrentamos pode trazer um elemento de orgulho, e uma oportunidade de praticar a humildade.

Há situações que nos conceitos vigentes, induzem ao ressentimento e até à vingança. Se procurarmos encarar essas situações com mais calma, perceberemos que existem outras possibilidades, como perdoar e manter a mente livre de reações instintivas. Podemos nos manter humildes e acessíveis a eventuais conselhos que nos ofereçam. Há ainda a possibilidade de prestarmos serviços voluntários, o que certamente nos levará a estimar os outros como estimamos a nós mesmos. Podemos nos tornar edificadores, elevando os outros tão alto quanto ou mais do que nós mesmos. Podemos recomeçar cada vez que surgir a necessidade.

Ninguém nunca morreu engasgado engolindo seu orgulho.

(Anônimo)

A lista abaixo foi extraída do website www.wikihow.com[3] e nos oferece sugestões de como exercitar a humildade.

1. **Aprecie seus talentos.** Ser humilde não significa que você não pode sentir-se bem consigo mesmo. Autoestima não é o mesmo que orgulho. Ambos vêm do reconhecimento de seus próprios talentos e qualidades. Orgulho, no entanto, o tipo de orgulho que nos inclina à arrogância, está enraizado na nossa insegurança. Reflita sobre suas habilidades e seja grato por elas.

2. **Conduza uma avaliação honesta de si mesmo.** Honestidade consigo mesmo é a melhor política. Se sabe que está deficiente em uma determinada área, seus inimigos não terão poder sobre você.

3. **Entenda suas limitações.** Não importa quão talentoso você seja, quase sempre há alguém que pode fazer alguma coisa melhor do que você. Mesmo que você seja o melhor em alguma coisa, há outras coisas importantes que vale a pena fazer, mas que talvez você nunca possa fazer algumas delas. Reconhecer não significa desistir de aprender coisas novas, ou melhorar suas habilidades existentes. Isso significa aceitar os limites reais de suas habilidades.

4. **Reconheça suas próprias falhas.** Julgamos os outros porque é muito mais fácil do que olhar para nossas próprias falhas. Infelizmente, isso é também completamente improdutivo e, muitas vezes, prejudicial. Fazemos julgamentos sobre os outros o tempo todo, e muitas vezes nem sequer percebemos isso. Como exercício prático, tente pegar-se no ato de julgar outra pessoa ou grupo de pessoas, e sempre que o fizer, em vez disso, julgue a si mesmo e considere como poderia melhorar-se.

---

3 Criado por: Waited, Sondra C, Eric Wester, Anônimo.

5. **Pare de comparar.** Por quê? Porque é praticamente impossível ser humilde quando se está esforçando para ser "o melhor" ou tentando ser "melhor" do que outros. Deixe de lado comparações sem sentido e simplistas, e você será capaz de desfrutar da despreocupação de fazer coisas sem importar-se com quem é melhor ou pior: se você ou se os outros.

6. **Aprecie os talentos e qualidades dos outros.** Desafie-se a olhar para os outros e apreciar as coisas que podem fazer e, principalmente, apreciar as pessoas pelo que elas são. Você ainda terá suas preferências pessoais, seus gostos e desgostos, mas treine-se a separar suas opiniões de seus medos e você irá apreciar mais os outros – você será mais humilde.

7. **Não tenha medo de cometer erros.** Nunca tenha medo de admitir que você cometeu um erro. Entender que você vai cometer erros, é uma das características de ser humilde. Entenda isso, e compreenda que todo mundo comete erros, e você se livrará de um fardo pesado. Por que cometemos erros? Porque não sabemos tudo.

8. **Não tenha medo do julgamento dos outros.** É fácil reconhecer que você comete erros e que você não está sempre certo. Um pouco mais difícil, no entanto, é a capacidade de reconhecer que, em muitos casos, outras pessoas – até mesmo pessoas que não concordam com você – podem estar certas. Acatar as vontades de seu cônjuge, uma lei que você não concorda, ou mesmo, às vezes, uma opinião de seu filho, aumenta o reconhecimento de suas limitações a um nível diferente.

9. **Procure orientação.** Estude textos edificantes e provérbios sobre humildade. Ore, medite, faça todo o possível para atentar no que está além de você mesmo. Se você não é espiritualizado, considere o método científico. Ciência requer humildade. Ela requer que você abra mão de seus preconceitos e julgamentos, e compreenda que você não sabe o quanto você acha que sabe.

10. **Pense em si mesmo em circunstâncias diferentes.** Muito do que nos damos crédito é na realidade produto do destino, de

situações passageiras e da misericórdia divina. Estaremos em situações muito diferentes nesta vida ou nas vidas que virão.

11. **Ajude os outros.** Uma grande parte de ser humilde é respeitar os outros e ajudá-los. Trate as outras pessoas como iguais e os ajude por que é a coisa certa a fazer. É sabido que quando você ajuda outras pessoas que possivelmente não podem recompensá-lo, você aprendeu a humildade.

12. **Permaneça sendo um aprendiz.** Encontre pessoas que você admira em determinadas áreas e peça-lhes para orientá-lo. Um espírito inacessível é um espírito orgulhoso, que se posiciona em oposição à humildade.

13. **Pratique a gentileza.** Gentileza de espírito é o caminho certo para a humildade. Sempre que possível, quando nos depararmos com um conflito, absorvamos o veneno dos ataques e reajamos com mansidão e respeito.

Tenha em mente que ser humilde traz muitos benefícios. A humildade pode ajudá-lo a ser mais feliz em sua vida e também pode ajudá-lo a suportar momentos difíceis e melhorar seus relacionamentos com os outros. É também necessário ser um aluno eficaz. Se você acha que sabe tudo, você não vai ter a mente aberta o suficiente para buscar novos conhecimentos, uma excelente ferramenta para o autodesenvolvimento em geral. Afinal, se você se sente superior, você não tem nenhum incentivo para se melhorar.

Leitura Complementar

Recomendamos ao leitor a leitura do texto abaixo, sublinhando os trechos que mais o tocaram, e que mais sente precisam ser trabalhados em si mesmo.

Sermão do Monte

Nas proximidades do mar da Galileia, um grupo de homens marchavam sem serem percebidos. Eram ladrões tentando tirar vantagens das peregrinações do caminho. Ouviram que um profeta estava pregando naquela área e isso parecia ser uma ótima oportunidade para obterem vantagem. Eles seguiram a multidão e esperaram a melhor ocasião para despojar os fiéis.

Seus corações estavam endurecidos; a vida tinha sido difícil para eles. Muitos foram abandonados muito jovens e tiveram que aprender a cuidar de si mesmos, enquanto outros enfrentaram desafios esmagadores. Eles tinham tanto desprezo por seus semelhantes que não havia lugar nos seus corações para a compaixão.

Eles esperaram até que o povo se acalmou e sentou pacificamente, enquanto esperava o profeta para falar-lhe. Então uma voz, forte, ainda que suave, disse: Bem-aventurados os mansos porque eles herdarão a Terra Bem-aventurados os que são perseguidos por causa da justiça porque deles é o Reino dos Céus.

Enquanto o homem continuava, eles sentiam-se paralisados; alguns deles queriam se mover e escapar do torpor que lhes invadia, rasgando suas almas. Aquelas palavras cativantes, ditas com tanto amor e compaixão, congelou-os em seus lugares, enquanto as pessoas aos seus redores, banhavam-se em lágrimas e completamente maravilhadas, tentavam absorver o significado das palavras que o profeta dizia. Eles sentiram um desejo incontrolável de chorar, e lágrimas rolaram pelos seus rostos.

Quem era aquele homem? Parecia que olhava diretamente para cada um deles. Eles podiam ver seus olhares se encontrando, podiam ouvir sua voz dominando seus seres, e sentirem-se acariciados, protegidos e amados como nunca antes sentiram.

Meus amigos, estamos longe de entender o poder e o amor de Jesus. Estamos longe de sentir a mesma expressão do amor que veio do coração do Mestre, mas ainda podemos ajudar nossos irmãos e irmãs, como Ele fez.

Lembrem-se que os criminosos e malfeitores desta Terra não tem amor e afeição. Não se abstenham de orar por eles e por todos aqueles que são esquecidos ou odiados pelo mundo, porque o Mestre, Jesus Cristo, está sempre conosco, dando sua força e seu amor sempre que ajudamos nossos irmãos necessitados. Não se cansem de amar e de dar o seu carinho e vocês ficarão surpresos com a transformação que suas boas ações induzirão dentro de todos aqueles que forem capazes de receber suas bondosas palavras e orações.

Que o amor de Deus esteja com vocês, e que a compaixão de Jesus seja sua fonte perene de inspiração.

IRMÃ CATARINA

(Mensagem psicografada por Jussara Korngold durante reunião mediúnica do SGNY – New York – 15/Dez/2008)

JESUS LAVA OS PÉS DE SEUS DISCÍPULOS – A MAIOR LIÇÃO DE HUMILDADE

Foi um pouco antes da festa da Páscoa. Sabendo Jesus que já era chegada a hora de passar deste mundo para o Pai, como havia amado os seus, que estavam no mundo, amou-os até o fim.

E acabada a ceia, tendo o diabo posto no coração de Judas Iscariotes, filho de Simão, que o traísse. Jesus, sabendo que o Pai tinha depositado nas suas mãos todas as coisas e que havia saído de Deus e ia para Deus. Jesus levantou-se da mesa, e enrolou uma toalha em torno de sua cintura. Depois disso, derramou água em uma bacia e começou a lavar os pés de seus discípulos, secando-os com a tolha.

Aproximou-se, pois, de Simão Pedro, que lhe disse, "Senhor, vai lavar-me os pés?"

Jesus lhe disse, "O que eu faço não o sabes agora, mas tu o saberás depois." "Não," disse Pedro, "nunca me lavarás os pés."

Respondeu-lhe Jesus, "Se não te lavar, não tens parte comigo."

"Então senhor," Simão Pedro respondeu, "Não só meus pés, mas também as mãos e a cabeça."

Disse-lhe Jesus, "Aquele que está lavado não necessita de lavar senão os pés, pois no mais está todo limpo. Ora vós estais limpos, mas não todos." Porque bem sabia ele quem o havia de trair; por isso disse, "Nem todos estais limpos."

Depois que lhes lavou os pés, e tomou as suas vestes, e se assentou outra vez à mesa, disse-lhes, "Entendeis o que vos tenho feito? Vós me chamais Mestre e Senhor, e dizeis bem, porque eu o sou. Ora, se eu, Senhor e Mestre, vos lavei os pés, vós deveis também lavar os pés uns dos outros. Eu vos dei o exemplo, para que, como eu vos fiz, façais vós também. Digo-lhes que em verdade, nenhum discípulo é maior que seu mestre, nem o enviado é maior do que aquele que o enviou. Se sabeis estas coisas, bem-aventurados sois se as fizerdes."

(João 13:1–17)

TRAÇOS DO CARÁTER ESPÍRITA

Humildade sem subserviência.

Dignidade sem orgulho.

Devotamento sem apego.

Alegria sem excesso.

Liberdade sem licenciosidade.

Firmeza sem petulância.

Fé sem exclusivismo.

Raciocínio sem aspereza.

Sentimento sem pieguice.

Caridade sem presunção.

Cooperação sem exigência.

Respeito sem bajulice.

Valor sem ostentação.

Coragem sem temeridade.

Justiça sem intransigência.

Admiração sem inveja.

Otimismo sem ilusão.

Paz sem preguiça.

(André Luiz, Livro *Caminho Espírita* item 45)

TESTE

Escolha a resposta correta:

1. O que significa "pobres de espírito"?

(a) A fim de entrar na vida espiritual em boas condições, uma pessoa deve ser pobre.

(b) A fim de entrar na vida espiritual em boas condições, uma pessoa deve cultivar a simplicidade de coração e humildade de espírito.

(c) Todas as anteriores

2. Por que Benjamin Franklin escreveu uma lista de treze virtudes?

(a) Porque estava consciente de que seu caráter precisava de melhorias.

(b) Porque estava consciente de que o caráter de seus amigos precisava de melhoria.

(c) Todas as anteriores

3. Por que o orgulho é considerado a maior praga da humanidade?

(a) Orgulho é o que leva ao ódio, à inveja, à luxúria, ao assassinato, e a todas as outras coisas que colocam a importância de si mesmo à frente de tudo.

(b) Os orgulhosos se ofendem facilmente. Eles guardam rancores e não estão dispostos a perdoar.

(c) Todas as anteriores

4. Como podemos superar o orgulho e nos tornar humildes?

(a) Conduzir uma avaliação honesta de si mesmo.

(b) Parar de comparar.

(c) Todas as anteriores

Respostas:
(1) b; (2) a: (3) c; (4) c

3

RESIGNAÇÃO NA ADVERSIDADE
TRANQUILIDADE

OBJETIVO

Analisar a importância da aceitação de perdas importantes para nós, tendo como base para esta análise a segunda bem-aventurança ensinada por Jesus no Sermão do Monte, Bem-aventurados aqueles que choram, porque eles serão consolados, e a correlação deste ensinamento com uma das treze virtudes de Benjamin Franklin: Tranquilidade.

1. ACEITAÇÃO

Aceitação normalmente se refere a casos em que a pessoa experimenta situações ou condições de vida (normalmente negativas ou difíceis) sem tentar mudá-las, protestar ou tentar fugir das mesmas. O termo é usado na espiritualidade, em conceitos religiosos, como na meditação budista, e na psicologia humana. Correntes religiosas e tratamentos psicológicos geralmente sugerem o caminho da aceitação quando a situação é igualmente desagradável e não se pode mudá-la, ou quando possível, uma mudança poderia ser obtida mas somente com grande custo ou grande risco.

Noções de aceitação são sugeridas em diferentes credos e em práticas de meditação. Por exemplo, a primeira nobre verdade do Budismo que diz, "A vida é sofrimento", convida as pessoas a aceitarem que o sofrimento é parte natural da vida. O termo

"Kabbalah" significa aceitação. E mais, aceitação é o quinto estágio do modelo de Kübler-Ross (comumente conhecido como "Os Estágios da Morte").

Muitos acreditam que aceitação significa desistir ou ser passivo, mas essa não é a verdadeira aceitação. Aceitação é liberar-se de uma ideia fixa. Quando lutamos contra algo, estamos exercendo uma grande quantidade de esforço que pode ser melhor aproveitada de outra forma. Estamos tão ocupados lutando contra o problema, que nos tornamos incapazes de ver o que este problema realmente é para achar uma solução. Quando deixamos de enfrentar uma dificuldade, não encontramos a solução para ela.

O Judô ensina como trabalhar com as energias de empurrar e puxar. Ele ensina que quando alguém joga o corpo em nós, que ao invés de resistir ou tentar fugir, o melhor é nos jogarmos na mesma direção. Aproveitando assim que o oponente não tenha força sobre nós. Aceitação, da mesma forma, implica seguir o fluxo usando a "energia" presente na situação, independente do quanto adversa ela possa nos parecer, como sendo uma companheira no nosso processo de cura.

Podemos também aprender sobre aceitação com a estória do carvalho e os juncos: Um carvalho muito grande foi arrancado pelo vento e jogado em um córrego. Ele caiu entre alguns juncos, e perguntou a eles: "Fico curioso em saber como vocês, que são tão leves e fracos, não são totalmente esmagados por estes fortes ventos." Eles responderam: "Você luta com o vento e consequentemente é destruído, enquanto que nós, ao contrário, nos dobramos ao sinal do mínimo sopro do ar, portanto permanecemos intactos e escapamos."

Quando passamos por dificuldades, podemos reagir como o carvalho, lutando, reclamando e pedindo a Deus para tirar o obstáculo de nossa vida, ou podemos nos acomodar a ele, curvando e balançando como os juncos, deixando que Deus nos carregue através do vento, inteiros, e mais fortes que antes.

2 . BEM-AVENTURADOS OS QUE CHORAM, PORQUE ELES SERÃO CONSOLADOS. (Mateus 5:3)

Estas palavras também podem ser traduzidas assim: Deveis considerar-vos felizes por sofrerdes, visto que as dores deste mundo são o pagamento da dívida que as vossas passadas faltas vos fizeram contrair; suportadas pacientemente na Terra, essas dores vos poupam séculos de sofrimentos na vida futura. Deveis, pois, sentir-vos felizes por reduzir Deus a vossa dívida, permitindo que a saldeis agora, o que vos garantirá a tranquilidade no porvir. (*O Evangelho Segundo o Espiritismo – ESE – Cap. 5, Item 12*)

A verdadeira medida de um homem não é como ele se comporta em momentos de conforto e conveniência, mas como ele se mantém em tempos de controvérsia e desafio.

Martin Luther King, Jr.

3 . ACEITAÇÃO NA ADVERSIDADE

Nos primeiros tempos do nosso planeta, o sofrimento foi o único estímulo e uma rígida escola para o homem. Agora, nossos tempos são menos severos do que os do passado. Os seres humanos dominaram os elementos, diminuíram as distâncias e conquistaram a Terra. Tudo evolui e progride. Lenta mas seguramente, o mundo, a própria natureza, estão progredindo e podemos ter certeza de que o sofrimento um dia vai deixar de fazer parte do nosso planeta. Estamos marchando em direção ao progresso; progresso espiritual e o progresso constante do nosso planeta. Os espíritos nos dizem que a Terra está passando por um período de transformação, de um mundo de provas e expiações a um mundo de regeneração, onde o bem irá prevalecer.

No entanto, o sofrimento ainda faz parte do nosso mundo. Em todas as condições, em todos os tempos, em todos os continentes, os seres humanos passam por vicissitudes. Tanto o rico quanto o pobre sofrem no corpo e em espírito. E apesar do progresso social, milhões de seres humanos ainda se curvam sob o peso do sofrimento.

Mesmo entendendo que só se pode alcançar ligeiros momentos de felicidade na Terra, as pessoas que aspiram a uma vida pura e a um mundo melhor percebem através da intuição que este mundo não é o fim de tudo. Para aqueles imbuídos com a filosofia dos espíritos, esta intuição torna-se uma certeza. Eles sabem para onde irão, compreendem a razão de suas aflições e a causa de seus sofrimentos. Além das sombras e tristezas da Terra, percebem o alvorecer de uma nova vida.

Não se pode julgar algo claramente a menos que se possa prever todas as suas consequências; ninguém pode compreender a vida se nem seu objetivo, nem suas leis são compreendidas. Portanto, para que possamos avaliar as bênçãos e sofrimentos desta vida, para que possamos perceber o que é verdadeiramente felicidade, precisamos nos elevar acima do estreito círculo das experiências terrestres. O conhecimento da vida futura e do destino que nos espera, nos permite pesar as consequências de nossos atos e sua influência sobre o nosso futuro.

Com esta perspectiva, o indivíduo não mais vê sofrimento na perda de amigos, na privação, ou nas aflições; ao contrário, para ele, sofrimento são todas as coisas que resultam em enfraquecimento ou redução e impedimento do progresso. Para aqueles que apenas consideram o momento presente, a infelicidade consiste de fato em pobreza, enfermidade e doença. Ao espírito transcendente que visualiza esses eventos passageiros de forma imparcial e superior, a infelicidade vem do orgulho, e de todos os outros defeitos de uma vida inútil ou até mesmo culpada.

Quando o mundo de Jó parecia estar desmoronando, seus amigos pensaram que ele devia ter feito algo errado. Até mesmo sua mulher aconselhou-o a desistir e lhe disse: "Ainda reténs a tua sinceridade? Amaldiçoa a Deus, e morre." Porém ele lhe disse: "Falas como uma louca; aceitamos o bem de Deus; porque não aceitaríamos o mal?" Em tudo isto não pecou Jó com os seus lábios. (Jó 2:9–10) Adversidade é a grande escola, o laboratório da transmutação áurea. Através de seus ensinamentos, más tendências gradualmente são transformadas em atos generosos e intenções puras. Nossa ignorância em relação às leis universais é a principal responsável pela falta de aceitação que manifestamos para com a adversidade. Se pudéssemos entender como a adversidade é necessária para a própria evolução, se pudéssemos aprender a aceitar as injustiças e as decepções que suportamos – então deixaríamos de considerá-las um fardo em nossa existência. No entanto, todos nós tememos a dor, a necessidade de suportá-la só se torna evidente quando deixamos o domínio terrestre. Não obstante, ela cumpre uma função inestimável, trazendo as sementes da compaixão, amor e ternura à luz, que poderiam ter permanecido hibernando para sempre dentro de nós. Em nossa cegueira, atrevemo-nos a reclamar que a nossa vida é obscura, monótona ou triste. Mas se erguermos os olhos acima dos baixos horizontes da Terra, distinguiremos os reais motivos desta vida. Descobriríamos que tais existências são preciosas e indispensáveis para ajudar-nos em nossa ascensão espiritual.

Homero escreveu: "A adversidade desperta em nós capacidades que, em circunstâncias favoráveis, teriam ficado adormecidas." Problemas expandem a sua criatividade. Há uma estória que narra as dificuldades por que passava um criador de galinhas. Sua fazenda estava sempre sujeita a enchentes que matavam suas galinhas. Desesperado ele disse a sua mulher, "Chega, eu não aguento mais; não tenho recursos para comprar outras terras e não consigo vender estas. O que farei? " Calmamente ela lhe respondeu, "Compre patos! ". As adversidades que enfrentamos na vida não são somente o resultado de nossos erros passados; elas também representam desafios que podem nos ajudar a evoluir. As dificuldades que superamos estimulam e desenvolvem nossa inteligência. No entanto, quando nossos esforços são em vão, quando estamos, finalmente, colocados frente a frente com o inevitável, então este é o momento que devemos chamar de aceitação. Não há poder algum que possa evitar as consequências do nosso passado. Rebelar-se contra as leis morais seria tão sem sentido como se opor à lei de atração ou gravitação.

O indivíduo incauto luta contra as leis imutáveis da natureza, mas o indivíduo judicioso encontra em suas tribulações um meio de aprimorar-se e de fortalecer suas faculdades. Ele aceita as tribulações da vida, e se levanta, superior a elas, transformando-as em um caminho que o levará à virtude.

Em 1832, o engenheiro francês Ferdinand Marie de Lesseps estava viajando no Mar Mediterrâneo. Um dos passageiros de seu navio apresentou uma doença contagiosa e o navio teve que ficar em quarentena.

Lesseps ficou muito frustrado. Para passar o tempo ele começou a ler as memórias de Jacques-Marie Le Père, que considerou a possibilidade de construir um canal que ligasse o Mar Mediterrâneo ao Mar Vermelho. Em 1869 o Canal de Suez foi completado. Ele foi construído segundo as instruções e desenhos de Lesseps. Foi durante aquela quarentena, trinta e sete anos antes que o plano de construir o Canal germinou por Ferdinand Marie de Lesseps. E o mundo inteiro se beneficia disto.

A aflição mais profunda e angustiante, quando aceita com humildade e tranquilidade que tanto o coração, como a razão consintam, geralmente indica o fim de nossos males, o reembolso da última fração da nossa dívida. Tal é o momento decisivo em que cabe mantermo-nos firmes, convocar todas as nossas resoluções e energia moral, para que possamos sair vitoriosos das nossas provas e colher os benefícios da vitória.

O sábio conselho de Benjamin Franklin, como um meio de realizarmos nossa transformação moral, pode ser um precioso instrumento para nos ajudar em relação as adversidades da vida.

Devemos permanecer tranquilos e não devemos ser perturbados por situações comuns e inevitáveis.

CICLO DA ACEITAÇÃO[4]

Este modelo dá exemplos do que acontece em diferentes etapas. O ciclo se aplica a indivíduos ou organizações. A maioria dos exemplos são para um indivíduo. O ciclo começa com o recebimento de más notícias.

1. **Existência normal**

    A pessoa é capaz de ter um raciocínio válido e objetivo, livre de dúvida e emoções indevidas.

---

4 Organograma baseado em modelo de uso genérico norte-americano.

2. **Recebimento da má notícia**
   Mas que péssima notícia!**Negação**
   Não pode ser verdade. Isto não está acontecendo comigo!
3. **Raiva**
   Isto é loucura! Decididamente não tolero notícias desse tipo!
4. **Depressão**
   Oh não! Pois é verdade! Não tem nada que eu possa fazer a respeito. Não tem jeito.
5. **Negociação**
   Eu deveria aceitar que as coisas não irão mudar. Assim posso seguir adiante.
6. **Aceitação**
   Bem, poderia ser pior. Eu tenho que aprender com isto. Isto até parece uma benção disfarçada.

Na quarta etapa, *raiva*, às vezes ficamos predispostos a agredir também: "Vou ser agressivo com qualquer um que diga algo mais sobre isso." "Vou processar meu médico porque ele não está fazendo tudo que pode para me ajudar" e várias outras formas de ataques.

Na quinta etapa, depressão, normalmente nos deparamos com a confusão, o início da negociação, e a continuação da raiva e negação: Por que isso aconteceu comigo? Eu não fiz nada para provocar isso. O que vou fazer?

Muitas vezes nos perguntamos o que irá acontecer conosco e frequentemente nos sentimos impotentes, inseguros quando pensamos sobre perspectivas de eventos futuros que nos digam respeito. O fato é que somos sempre os artesões de nosso destino, e tudo o que plantamos hoje colheremos no futuro.

Alguns podem dizer que não se lembram do passado e, portanto, não podem avaliar os fatos verdadeiros, ou compreender as consequências que enfrentam no presente. Nossa resposta é que Deus considera desnecessário recordarmo-nos do passado para progredirmos. Este conhecimento é irrelevante para o nosso progresso e para o trabalho de aperfeiçoamento espiritual. O importante é que hoje já compreendemos os mecanismos, os ciclos da vida, e somos capazes de entender que tudo o que ocorre conosco segue resoluções que tomamos antes da presente encarnação. Portanto, devemos aceitar os muitos desafios e adversidades que ainda surgem em nosso caminho, como resultado de erros passados e resultado esse que é educativo e é oportunidade de preparação para a nova era de paz e crescimento espiritual que invadirá nosso planeta.

Portanto, vamos colocar nossa fé no Poder que dirige o universo. Nosso intelecto limitado mal pode compreender a totalidade das Suas intenções. Somente Deus tem o controle exato da cadência rítmica, dessa alternância necessária da vida e da morte, da noite e do dia, da alegria e da tristeza, da qual a felicidade e a elevação das Suas criaturas serão finalmente atingidas. Com amor e fé em nossos corações estamos no caminho para o sucesso e, finalmente, deixaremos para trás a sequência de ações lamentáveis que tinham sido nossos obstáculos. Nós, então, iremos nos abrir como uma flor renovada alcançando os suaves raios do nascer do sol que iluminará as nossas novas disposições e nosso crescimento em direção a um novo caminho de atos luminosos.

"É importante aceitarmos aquilo que se apresenta diante de nós. E a única coisa que importa é aceitar a adversidade com coragem e da melhor forma que pudermos."

ELEANOR ROOSEVELT

4 . AUTOACEITAÇÃO

Finalmente, é necessário mencionar um outro lado importante da aceitação: autoaceitação. Autoaceitação é amar e ser feliz com o que você é AGORA. É um acordo com você mesmo de apreciar, validar, aceitar e apoiar quem você é e o que você possui neste momento.

Autoaceitação abre para você uma nova vida com possibilidades que não existiam antes, pelo fato de você estar sempre lutando contra a realidade. As pessoas têm dificuldades para se aceitarem por causa de uma falta de motivação. Alguns acreditam que pelo fato de se estar contente consigo mesmo não é necessário mudar nada. Isto não é verdade, não é preciso se sentir infeliz para perceber e ativamente tentar mudar as coisas que você não gosta. Aceitação poderia ser definida como o primeiro passo no caminho da mudança.

Permitir-se ser amado (amando a você mesmo), é a parte mais importante do processo de aceitação, fazendo com que isto seja um instrumento de cura extremamente poderoso. O amor é a energia base de todas as coisas da vida. O amor cura. Quando você ama o que é, você encontra a cura que o amor contém, você não tem que ir à procura de respostas ou técnicas; a dor, a angústia da negação e da luta desaparecem.

Lembre-se que as mais poderosas e maravilhosas ferramentas de cura são aquelas que se manifestam em torno de nós, em nosso dia a dia. Isto funciona mesmo! Muitas vezes nós subestimamos o valor dessas ferramentas, desses recursos, pelo fato de não chamarem muito a atenção ou por não serem compreendidos. Assim a cura certamente não virá de forma desgastante.

"Precisamos ter a mente forte e pronta para aceitar os fatos como eles são; ao invés de como gostaríamos que fossem."

HARRY S. TRUMAN

Leitura Complementar

Recomendamos ao leitor a leitura do texto abaixo, sublinhando os trechos que mais o tocaram, e que mais sente precisam ser trabalhados em si mesmo.

Mensagem do E.S.E.

O homem pode suavizar ou aumentar o amargor de suas provas, conforme o modo por que encare a vida terrena. Tanto mais sofre ele, quanto mais longa se lhe afigura a duração do sofrimento. Ora, aquele que a encara pelo prisma da vida espiritual apanha, num golpe de vista, a vida corpórea. Ele a vê como um ponto no infinito, compreende-lhe a curteza e reconhece que esse penoso momento terá presto passado. A certeza de um próximo futuro mais ditoso o sustenta e anima e, longe de se queixar, agradece ao Céu as dores que o fazem avançar. Contrariamente, para aquele que apenas vê a vida corpórea, interminável lhe parece esta, e a dor o oprime com todo o seu peso. Daquela maneira de considerar a vida, resulta ser diminuída a importância das coisas deste mundo, e sentir-se compelido o homem a moderar seus desejos, a contentar-se com a sua posição, sem invejar a dos outros, a receber atenuada a impressão dos reveses e das decepções que experimente. Daí tira ele uma calma e uma resignação tão úteis à saúde do corpo quanto à da alma, ao passo que, com a inveja, o ciúme e a ambição, voluntariamente se condena à tortura e aumenta as misérias e as angústias da sua curta existência. (ESE – Cap. 5, item 13)

"A prece é um apoio para a alma; contudo, não basta: é preciso tenha por base uma fé viva na bondade de Deus. Ele já muitas vezes vos disse que não coloca fardos pesados em ombros fracos. O fardo é proporcionado às forças, como a recompensa o será à resignação e à coragem. Mais opulenta será a recompensa, do

que penosa a aflição. Cumpre, porém, merecê-la, e é para isso que a vida se apresenta cheia de tribulações.

O militar que não é mandado para as linhas de fogo fica descontente, porque o repouso no campo nenhuma ascensão de posto lhe faculta. Sede, pois, como o militar e não desejeis um repouso em que o vosso corpo se enervaria e se entorpeceria a vossa alma. Alegrai-vos, quando Deus vos enviar para a luta. Não consiste esta no fogo da batalha, mas nos amargores da vida, onde, às vezes, de mais coragem se há mister do que num combate sangrento, porquanto não é raro que aquele que se mantém firme em presença do inimigo fraqueje nas tenazes de uma pena moral. Nenhuma recompensa obtém o homem por essa espécie de coragem; mas, Deus lhe reserva palmas de vitória e uma situação gloriosa. Quando vos advenha uma causa de sofrimento ou de contrariedade, sobreponde-vos a ela, e, quando houverdes conseguido dominar os ímpetos da impaciência, da cólera, ou do desespero, dizei, de vós para convosco, cheio de justa satisfação: "Fui o mais forte."

Bem-aventurados os aflitos pode então traduzir-se assim: Bem-aventurados os que têm ocasião de provar sua fé, sua firmeza, sua perseverança e sua submissão à vontade de Deus, porque terão centuplicada a alegria que lhes falta na Terra, porque depois do labor virá o repouso.

LACORDAIRE *(Havre. 1863)* (*ESE* – Cap. 5, item 18)

MOMENTO DA GRANDE TRANSIÇÃO

Estamos agora em um novo período.

Estes dias assinalam uma data muito especial, a data da mudança do mundo de provas para mundo de regeneração.

A grande noite que se abatia sobre a terra lentamente cede lugar ao amanhecer das bênçãos. Retroceder não é mais possível.

Firmastes, filhas e filhos da alma, um compromisso com Jesus antes de mergulhardes na indumentária carnal, o de servi-lo com abnegação e devotamento.

Prometeste que lhe serieis fiéis mesmo que vos fosse exigido o sacrifício.

Alargando-se os horizontes deste amanhecer que viaja para a plenitude do dia, exultemos juntos — os Espíritos desencarnados e vós outros que transitais pelo mundo de sombras — mas, além do júbilo que a todos nós domina, tenhamos em mente as graves responsabilidades que nos exornam a existência no corpo ou fora dele.

Deveremos reviver os dias inolvidáveis da época do martirológio. Seremos convidados não somente ao aplauso, ao entusiasmo, ao júbilo, mas também ao testemunho. O testemunho silencioso nas paisagens internas da alma. O testemunho por amor àqueles que não nos amam. O testemunho de abnegação no sentido de ajudar aqueles que ainda se comprazem em gerar dificuldades, tentando inutilmente obstaculizar a marcha do progresso.

Iniciada a grande transição, chegaremos ao clímax, e na razão direta em que o planeta experimenta as suas mudanças físicas, geológicas, as mudanças morais serão inadiáveis. Que sejamos nós aqueles espíritos-espíritas que demonstremos a grandeza do amor de Jesus em nossas vidas.

Que outros reclamem, que outros se queixem, que outros deblaterem, que nós outros guardemos nos refolhos da alma o compromisso de amar e amar sempre, trazendo Jesus de volta com toda a pujança daqueles dias que vão longe e que estão muito perto...

Jesus, filhas e filhos queridos, espera por nós!

Que seja o nosso escudo o amor, as nossas ferramentas o amor e a nossa vida um hino de amor.

São os votos que formulamos os espíritos espiritas aqui presentes, e que me sugeriram representá-los diante de vós.

Com muito carinho, o servidor humílimo e paternal de sempre.

BEZERRA

Muita paz, filhas e filhos de coração!

(Mensagem psicofônica recebida pelo médium Divaldo Pereira Franco, no encerramento das comemorações do Centenário de Chico Xavier, realizado no Centro de Convenções Ulysses Guimarães, em Brasília, no dia 18 de abril de 2010)

4

MANSIDÃO E PACIÊNCIA V. RAIVA
SILÊNCIO

OBJETIVO

A nalisar a importância da mansidão, de acordo com as bem-aventuranças ensinadas por Jesus no Sermão do Monte e correlacionar este ensinamento com uma das 13 virtudes de Benjamin Franklin: Silêncio.

1. DEFINIÇÃO DE MANSIDÃO

Os modernos dicionários associam o conceito de mansidão ao de fraqueza. Observemos como seus sinônimos são listados no Reader's Digest: manso, tímido, suave, brando, retraído, fraco, dócil, submisso, reprimido, subjugado, sem vida e falido. Essa concepção equivocada da palavra mansidão não é privilégio de nossa época; os antigos gregos também não a classificavam como uma virtude, exceto em poucas circunstâncias. Na melhor das hipóteses, eles a usavam como hoje usamos "condescendência" e restringindo a sua utilização exclusivamente à descrição de relações externas entre as pessoas. Jesus ainda que mantendo referência aos seres humanos, ampliou o significado do termo, superando sua interpretação[5] restrita e nos mostrou que mansidão se refere antes de mais nada a nossas relações com Deus.

---

5 John W. Ritenbaugh – November 1998 – https://www.cgg.org/index.cfm/library/article/id/237/the-fruit-of-spirit-meekness.htm

Algumas pessoas tentaram usar "humildade" como sinônimo de mansidão, mas o hebraico e o grego têm palavras específicas que são sinônimos de humildade. Além disso, a humildade não reflete totalmente o significado de mansidão, embora a associação de humildade e mansidão seja natural, mas é ainda uma outra faceta da mansidão. Embora humildade demonstre uma avaliação correta dos méritos de alguém, a mansidão inclui uma avaliação correta dos direitos pessoais. Uma outra palavra associada com mansidão é "gentileza", mas, como humildade, ela também não abrange inteiramente o sentido de mansidão, está aquém de sua plenitude. As características e o uso de mansidão são muito maiores do que qualquer outra a ela associada.

2. "BEM-AVENTURADOS OS QUE SÃO BRANDOS, PORQUE POSSUIRÃO A TERRA"

Por estas máximas, Jesus faz da brandura, da moderação, da mansuetude, da afabilidade e da paciência, uma lei. Condena, por conseguinte, a violência, a cólera e até toda expressão descortês de que alguém possa usar para com seus semelhantes. (ESE – Cap. 9, Item 4)

Jesus não foi o primeiro a afirmar a importância da mansidão, mas ele foi o primeiro a mostrar, no que chamamos as Bem-aventuranças, uma lista organizada das características do ser humano perfeito. A mansidão é tão importante que é a terceira característica que menciona em seu ensinamento fundamental, o Sermão do Monte. Um comentarista, Emmet Fox, autor de um livro inteiramente dedicado ao estudo do Sermão do Monte, afirma que esta Bem-aventurança "está entre os seis versículos mais importantes da Bíblia."

Devemos reconhecer que, quando Jesus apresenta a mansidão como uma qualidade altamente desejável, em Mateus 5:5, ele a introduz com "Bem-aventurados os pobres de espírito" (versículo 3) e "Bem-aventurados os que choram" (versículo 4). Ele a situa em um contexto que contém qualidades que são semelhantes a mansidão. Alexander MacLaren[6] escreve em seus comentários sobre o versículo 5, "[Mansidão] é a conduta e disposição em direção a Deus e ao indivíduo que se segue a partir da experiência interior descrita nestas duas bem-aventuranças, que se relacionavam apenas conosco mesmos." Em outras palavras, a mansidão é o fruto ativo das outras duas, mas ser pobre em espírito e chorar são emoções internas, e a mansidão é uma emoção interna e que se exterioriza em nossas vidas. Embora isso não seja uma descrição completa, estabelece uma boa base.[7]

Superficialmente, esta bem-aventurança parece ter pouco significado e contradizer os fatos simples da vida cotidiana. Obviamente, o indivíduo perfeito como ideal do mundo é muito diferente do esperado por Jesus. Dada a forma que as pessoas modernas olham aqueles que são mansos, a afirmação de Jesus sobre a mansidão é quase incompreensível. O mundo favorece as mais consideradas e assim chamadas virtudes heroicas. Aqueles que são fortemente – quase ferozmente – competitivos, agressivos e seguros de si, são os que recebem admiração, reconhecimento e recompensa. Não parece que eles acabam sempre no topo, possuindo mais e melhor apesar de outras falhas óbvias, e talvez até ofensivas[8] de caráter?

De fato, Jesus ressalta que até agora as coisas da Terra têm sido monopolizadas por indivíduos agressivos, em detrimento daqueles que são gentis e amantes da paz; que estes últimos muitas vezes não

---

6 (Expositions of Holy Scriptures, vol. 6, "St. Matthew," p. 130)

7 John W. Ritenbaugh – November 1998 – https://www.cgg.org/index.cfm/library/article/id/237/the-fruit-of-spirit-meekness.htm

8 John W. Ritenbaugh – November 1998 – https://www.cgg.org/index.cfm/library/article/id/237/the-fruit-of-spirit-meekness.htm

têm sequer as necessidades básicas satisfeitas, enquanto os primeiros vivem na superfluidade. Mas Jesus promete que a justiça virá para o gentil e amante da paz, na Terra como no Céu, porque eles serão chamados filhos de Deus.

O que precisamos entender neste momento é porque Jesus diz que aqueles que são mansos herdarão a Terra, quando ele também diz que se deve renunciar às coisas deste mundo. A resposta é muito simples; é na Terra que temos a oportunidade de crescer espiritualmente falando, e avançar em direção a Deus. E enquanto esperam por coisas dos Céus, os homens precisam das coisas da terra para viver. Poderíamos alcançar esse estado com mais facilidade se não tivéssemos que lutar com as adversidades e emoções contraditórias diariamente. Após trabalharmos para a nossa transformação moral veremos, pouco a pouco, uma modificação geral dos padrões morais do nosso planeta, e todos irão se beneficiar com isso. Quando a lei do amor e da caridade, finalmente, for a lei da humanidade, não haverá mais egoísmo e os brandos e amantes da paz deixarão de ser explorados ou esmagados pelos fortes e agressivos. Este será o estado da Terra, quando, de acordo com a lei do progresso e a promessa de Jesus, ela se houver tornado um mundo ditoso por efeito do afastamento dos indivíduos maus. (*ESE* – Cap. 9, Item 5)

3 . MANSIDÃO, PACIÊNCIA E SILÊNCIO V. RAIVA

Paciência e mansidão, assim como o silêncio do pensamento e da fala, derivam da caridade. Paciência é a virtude que nos permite silenciosamente nos resignarmos, não porque somos plácidos ou indiferentes, mas porque aprendemos a procurar consolações além dos limites do momento presente, que tornam as tribulações desta vida secundárias e fúteis.

Devemos, a todo custo, estarmos sempre vigilantes contra a raiva, que desperta instintos brutais, aquelas heranças de um passado sombrio que a civilização e o progresso estão se esforçando para erradicar. Quando perdemos o nosso autocontrole, enlouquecidos pela raiva, nada nos detém, nem mesmo um risco de assassinato. A pessoa propensa à raiva deve ter muito cuidado, especialmente em relação ao seu excessivo ego; o indivíduo deve abster-se do discurso e da ação, desde que ele sinta-se sob a influência desta sinistra paixão.[9]

É neste ponto que o sábio conselho de Benjamin Franklin vem ao nosso socorro: Silêncio – Fale apenas o que pode beneficiar os outros ou a si mesmo. Evite conversas triviais. Este conselho é importante para ambas as partes, ou seja, para aquele que é momentaneamente tomado pela raiva e para aquele que é o destinatário destas manifestações de raiva.

Uma pessoa branda sente amargamente o mal feito a ela, mas porque ela não está pensando em si mesma, a sua mansidão não permite que seu espírito se envolva em uma raiva vingativa que tenta "dar o troco". Este indivíduo silencia e se recolhe em oração ou meditação, procurando maneiras de ajudar o outro a se libertar deste estado lamentável. Desta forma, a pessoa branda é capaz de suportar pacientemente e em silêncio os insultos e injúrias sofridos nas mãos dos outros, e enfrenta a provação sem irritar-se. A pessoa permanece calma quando os outros se alteram. Ela sabe que a justiça de Deus prevalece sempre. Ela procura manter-se fiel à sua convicção; ao fazê-lo, é capaz de atender aos padrões de Deus. "Desarmamos o nosso inimigo desde que lhe retribuamos o mal com o bem. Seu ódio transformar-se-á em espanto e o espanto, em admiração. Despertando-lhe a consciência obscurecida, tal lição pode produzir-lhe uma impressão profunda. Por esse modo, talvez tenhamos, pelo esclarecimento, arrancado uma alma à perversidade.

A indulgência, a simpatia e a bondade apaziguam os homens, congregando-os, dispondo-os a atender confiantes aos bons conselhos;

---

9 Fundamentado no Cap. 48 do livro *Depois da Morte* de Leon Denis.

no entanto, a severidade dissuade-os e afugenta. A bondade permite-nos uma espécie de autoridade moral sobre as almas, oferece-nos mais probabilidade de comovê-las, de reconduzi-las ao bom caminho. Façamos, pois, dessa virtude um archote com o auxílio do qual levaremos luz às inteligências mais obscuras, tarefa delicada, mas que se tornará fácil com um sentimento profundo de solidariedade, com um pouco de amor por nossos irmãos." – LÉON DENIS – *Depois da Morte*, Cap. 48 – Edição FEB.

Melhor ficar em silêncio e ser considerado um tolo do que falar e eliminar qualquer dúvida.

ABRAHAM LINCOLN (1809–1865)

4. QUANDO DEVEMOS NOS SILENCIAR?

No Evangelho Segundo o Espiritismo, os espíritos nos advertem que só devemos comentar sobre o comportamento dos outros com o objetivo de ajudá-los a superar suas falhas ou quando seus comportamentos colocam outras vidas em perigo.

Há um artigo muito interessante intitulado "Você tem a língua afiada?"[10], que propõe a questão:

A verdade deve doer?

O artigo explica que entre as armadilhas mais perigosas da vida sobre a utilização da língua, são as desculpas que usamos para justificar e continuar comportamentos habituais. As desculpas mais comuns são:

"Honestidade é a melhor política", ou

- "Eu só estou sendo honesto."
- "A verdade dói."

---

10 https://www.cgg.org/index.cfm/library/article/id/16/are-you-sharp-tongued-part-two.htm

- "Errado é errado, e deve ser corrigido. "
- "Eu já passei por muitas experiências, por isso me expresso abertamente."
- "É apenas o meu senso de humor. Não leve a sério."

Infelizmente, cada uma dessas desculpas é provavelmente dolorosamente familiar. Se forem, devemos examinar melhor como falamos com os outros e o que nos motiva. Mais uma vez, podemos nos beneficiar, seguindo os passos descritos nas treze virtudes defendidas por Benjamin Franklin, e isso irá nos ajudar a entender quando os nossos comentários são um pouco demais: **Silêncio – Fale apenas o que pode beneficiar os outros ou a si próprio.** Evite conversas triviais. Normalmente, nós gastamos muito tempo falando sobre futilidades, portanto, gastamos energia desnecessária e também nos conectamos a um nível de energia que é muito baixo.

Calando... às vezes dizemos mais.

EMILY DICKINSON

Em Mateus 18:15 lemos, "Se teu irmão pecar[11] contra ti, vai, e repreende-o entre ti e ele só; se te ouvir, ganhaste a teu irmão." Claro que é possível nos expressarmos com honestidade, sem rodeios ou gentilmente. Jesus é rigoroso com o pecado, mas gentil e paciente com os pecadores. Que grande exemplo ele nos deixou! Uma vez que tenhamos decidido que algum tipo de intervenção é necessária, precisamos aprender, quando parece necessário repreender com bondade, discutir sem estarmos inflamados e julgar todas as coisas com benevolência e moderação. Nosso foco deve ser sempre em resolver o problema, não apenas falar sobre isso, condenar, ou fofocar a respeito. Envolva o mínimo de pessoas possível, ninguém precisa saber sobre isso, a menos que o caso se agrave. Concentre-se

---

11 A palavra grega para "pecar" é *hamartanein*, também traduzida como transgredir, cometer uma falta, ou ofender.

no assunto em questão e não traga mágoas passadas. Não queime todas as pontes ou ameace o outro com ultimatos. Lembre-se que não está tentando perder, mas sim ganhar um irmão ou irmã!

No entanto, lidar honestamente com um irmão ou irmã sobre uma ofensa, sem contar aos outros, é um grande desafio. Quando irritados ou ofendidos, a primeira coisa que queremos fazer é falar sobre isso! Nós não queremos ficar em silêncio, queremos receber conforto, incentivo, compreensão, ou simplesmente tirar do nosso peito. É fundamental, porém, para nós, moderarmos nossas diferenças com palavras que curam, encorajam e permitem desenvolver uma afeição maior. Outro ponto, importante a considerar é: Será que podemos aceitar alguém ser tão honesto conosco assim como somos com ele ou ela? Que desafio! Geralmente é difícil abraçar a ideia de que a honestidade deve ser recíproca para que a respeitemos. Jesus nos ensina a lidar uns com os outros como gostaríamos que eles fizessem conosco, e isso certamente se aplica à forma como nos comunicamos para resolver os conflitos quando eles surgem.

O que pensamos se revela no que dizemos. Uma mente alimentada pela sabedoria divina será capaz de seguir este conselho e controlar o mais selvagem de todos os membros: a língua. À medida que aprendemos esta grande verdade, nossas palavras se tornam boas e confiáveis. Perdemos a ponta afiada de nossas línguas.

Portanto, uma boa alternativa é se manter em silêncio, porque como disse o Dr. Martin Luther King Jr.:

Esopo[12] e a Língua

Uma vez, Xanto, um filósofo, pediu a seu escravo Esopo para lhe trazer a melhor carne do mercado. Esopo lhe trouxe língua. Quando Xanto lhe perguntou acerca de sua escolha, ele respondeu: "Mas eu gostaria que você me dissesse o que é melhor ou mais doce que

12 Esopo era um escravo africano e contador de estórias de rara inteligência, que viveu na Grécia antiga entre 620 e 560 a.C. Suas fábulas são mundialmente conhecidas.

a língua. Porque certamente todas as doutrinas, e todas as artes e filosofias são estabelecidas e organizadas pela língua. Pelas línguas os homens se exaltam, você não encontrará nada mais salutar que tenha sido dado pelos imortais aos mortais do que a língua."

No dia seguinte Xanto pediu para ele trazer a pior carne do mercado. Esopo trouxe língua novamente.

"O que?" Xanto disse. "Quando eu peço a melhor carne você traz língua, quando peço a pior, também?" Esopo respondeu: "Porque vos admirais de minha escolha? Do mesmo modo que a língua, bem utilizada, se converte numa sublime virtude, quando relegada a planos inferiores se transforma no pior dos vícios. Com ela, tecem-se as intrigas e as violências verbais. Por meio dela, as verdades mais santas, por ela mesma ensinadas, podem ser corrompidas e apresentadas como anedotas vulgares e sem sentido. Toda maldade vem da língua."

"Você tem razão", Xanto disse. "Vamos aprender a dominar nossas línguas!"

Leitura Complementar

Recomendamos ao leitor a leitura do texto abaixo, sublinhando os trechos que mais o tocaram, e que mais sente precisam ser trabalhados em si mesmo.

Paciência

Era uma vez um homem que não sabia nada sobre agricultura foi á presença de um fazendeiro para aprender. O fazendeiro levou—o para seu campo e perguntou—lhe o que via. Ele viu um bonito pedaço de terra coberta por uma relva que agradava os olhos. Em seguida, o visitante ficou horrorizado quando o agricultor passou o arado e transformou o belo campo verde em uma massa de valas marrom.

— Porque você arruinou o campo? perguntou o homem.

— Seja paciente e verá, respondeu o fazendeiro.

Depois, o fazendeiro mostrou-lhe um saco cheio de viçosos grãos de milho e perguntou-lhe o que via. O visitante descreveu o grão nutritivo e, em seguida, mais uma vez assistiu em choque a como o agricultor arruinou algo bonito. Desta vez, ele andou para cima e para baixo jogando os grãos nos sulcos e depois cobrindo-os com torrões de terra.

— Você está louco? Perguntou o homem.

Primeiro você destruiu o campo e agora cobriu os grãos com torrões de terra.

O fazendeiro respondeu:

— Seja paciente e verá.

O tempo passou, e mais uma vez o fazendeiro levou seu visitante para o campo. Agora eles viram infinitas linhas retas com hastes verdes brotando de todos os sulcos. O visitante abriu um largo sorriso e disse:

— Peço desculpas. Agora entendo o que você estava fazendo. Você fez o campo mais bonito do que nunca; a arte da agricultura é realmente maravilhosa.

— Não, ainda não acabamos, você ainda deve ser paciente, disse o fazendeiro.

Mais tempo passou e os talos estavam totalmente crescidos, então o fazendeiro veio com uma foice e cortou todo o milho, enquanto o visitante assistiu boquiaberto, vendo como o campo em ordem tornou-se uma feia cena de destruição. O agricultor juntou as hastes caídas em feixes e decorou o campo com eles. Mais tarde, ele levou os pacotes do milho colhido para outra área, onde bateu e esmagou até que se transformaram em uma massa de palha e grãos soltos. Então, separou os grãos do joio e juntou-os em uma pilha enorme. "Sempre seja paciente", disse ele a seu visitante a protestar, "ainda não acabamos." Depois o agricultor veio com uma carroça e carregou–a com os grãos, que levou para o moinho. Lá esses bonitos grãos se transformaram em pó sem forma.

O visitante reclamou novamente:

—Você tomou bonitos grãos e transformou-os em pó.

Novamente lhe foi dito para ser paciente. O fazendeiro colocou o pó em sacos e levou de volta para casa. Pegou um pouco do pó e misturou com água, enquanto seu convidado se maravilhava com a loucura de fazer uma lama esbranquiçada. Então o agricultor molda esta lama em forma de um pão. O visitante viu o pão perfeitamente formado e sorriu, mas sua felicidade não dourou muito. O agricultor acendeu um fogo e colocou o pão no forno.

— Agora sei que você está louco, após todo o trabalho vai queimar o que fez.

O fazendeiro olhou para ele e sorriu, dizendo:

— Não lhe disse para ter paciência?

Finalmente o fazendeiro abriu o forno e tirou o pão fresco assado e dourado, com um aroma delicioso.

— Venha, disse o fazendeiro.

Ele levou seu convidado à mesa da cozinha, onde ofereceu-lhe uma farta fatia amanteigada.

— Agora você entende, disse o fazendeiro.

5

Retidão
Frugalidade e Temperança

Objetivo

Analisar a importância de se ser justo de acordo com as Bem-aventuranças ensinadas por Jesus no Sermão do Monte, e correlacionar este ensinamento com as duas virtudes de Benjamin Franklin: Frugalidade e Temperança.

1. Definição e Citações Bíblicas

Justiça (também chamada retidão) é um importante conceito teológico no judaísmo e no cristianismo. Dizemos que uma pessoa é justa, quando suas ações foram justificadas. Ou seja, essa pessoa foi "julgada" ou "avaliada" como alguém que leva uma vida que agrada a Deus.

Justiça/Retidão tem um sentido ético/moral que envolve um correto relacionamento com Deus. E também significa estar em completo acordo com o que é justo, honrado e glorioso. Justiça/Retidão é tudo aquilo que é reto, virtuoso, nobre, moralmente correto e ético. Poderíamos dizer que a justiça é um estilo de vida que está em plena conformidade com a vontade de Deus.

Há vários exemplos na Bíblia que demonstram a importância de ser justo:

- Aquele que segue a justiça e a bondade achará a vida, prosperidade e honra. (Provérbios 21:21);
- O temor do ímpio virá sobre ele, mas o desejo de Deus se cumprirá. (Provérbios 10:24);
- Porque o senhor é justo e ama a justiça; o seu rosto está voltado para os retos. (Salmos 11:7).

As almas de todos os homens são imortais, mas as almas dos justos são imortais e divinas.

SÓCRATES

2. BEM-AVENTURADOS OS QUE TÊM FOME E SEDE DE JUSTIÇA. BEM-AVENTURADOS OS QUE SOFREM PERSEGUIÇÃO POR CAUSA DA JUSTIÇA, PORQUE DELES É O REINO DOS CÉUS.

As bem-aventuranças apresentadas por Jesus no Sermão do Monte (registrado no livro de Mateus 5:3-12) apresentam nove diferentes atividades do coração que vêm com uma promessa de benção. A quarta bem-aventurança é: Bem-aventurados os que tem fome e sede de justiça, porque serão fartos.

A ideia de fome e sede fala de um íntimo e forte desejo que não saciado incomoda desesperadamente. Não há palavras melhores do que a fome e a sede para expressar esse forte desejo de obter justiça e retidão que devemos sentir. Não existem necessidades mais prementes ou imperiosas que demandam ser satisfeitas como a fome e a sede.

Ao usar a imagem de fome e sede, Jesus nos explica o quão importante é a retidão em nossas vidas. Jesus estende sua bênção para aqueles que desejam a justiça como prioridade urgente e profunda em suas vidas, reconhecendo a sua importância vital, e ainda reitera esta prioridade em Mateus 6:33 quando diz, "Mas buscai primeiro o reino de Deus, e sua justiça" antes de tudo. Certo que é basicamente o mesmo que dizer, "Fome e sede de justiça" como um primeiro princípio de vida.

Justiça e retidão são tão necessárias para nossa vida espiritual como o alimento e a água são para nossa vida física. Sem alimento e água, o corpo sofre e pode morrer. Sem justiça, a alma se sente vazia e infeliz. Como o corpo tem seus apetites naturais de fome e sede da comida e bebida adequada para sua nutrição, assim também tem a alma; como o corpo depende da alimentação para ser forte e saudável dentro do reino físico, a alma também necessita de nutrição espiritual. Quando a sensação desconfortável de fome acontece, sabemos que temos de encontrar comida, ou pereceremos. Quando a alma desperta para o sentido de seus próprios desejos, e começa a ter fome e sede de justiça, que é seu alimento adequado, ela não encontrará descanso nem paz até que seja saciada.

Ter fome e sede de justiça indica um desejo constante de buscar algo que a pessoa sabe que é bom para ela. Recém-nascidos sabem intrinsecamente que a comida vai saciar sua fome. Eles não pensam duas vezes sobre a validade de suas necessidades físicas, nem negligenciam a alimentação. Eles simplesmente choram por aquilo que sabem que é bom. O mesmo acontece com aqueles que buscam a evolução espiritual. Não deveria haver nenhuma dúvida a respeito da necessidade espiritual. Também não se pode negligenciar a necessidade de realização. De fato, Deus deseja que os que buscam as verdades espirituais chorem por elas, como os bebês, assim permitindo que Deus, generosamente, os ajudem.

A oitava bem-aventurança: Bem-aventurados os que são perseguidos por causa da justiça, porque deles é o reino dos céus, assim como a quarta, nos fala da importância da justiça e da retidão, até mesmo ao ponto de ignorar as perseguições de qualquer tipo, e de continuar no caminho reto.

A perseguição é uma forma sistemática de maus tratos de um indivíduo ou grupo para com outro grupo. As formas mais conhecidas são a perseguição religiosa, a perseguição étnica, e a perseguição política, embora haja, naturalmente, alguma sobreposição entre estes termos, que tem em comum ações de infligir sofrimento, isolamento, prisão, dor, medo e exclusão.

Hoje em dia, a perseguição frequentemente vem em forma verbal, geralmente por meio de zombaria cruel e linguagem injuriosa, ou através de atos cruéis, como o confisco de bens, ou o banimento de um grupo. Pode até ocorrer no local de trabalho onde se pode ser demitido, rebaixado, ou criticado por causa de sua fé. Na sociedade de hoje, o ato de revelar que você está ligado a alguma forma religiosa ou espiritual pode trazer risos sarcásticos, comentários grosseiros e repugnantes, alienação e até mesmo retaliação. Mas o importante é seguir o conselho de Jesus e persistir no bem e ser justo, pois só através desta persistência é que vamos evoluir espiritualmente.

Embora seja verdade que os que sofrem perseguição enfrentam dificuldades, seria bom lembrar que nunca devemos nos curvar ao erro e devemos sempre viver de acordo com os valores morais e éticos que aprendemos com as leis humanas, lembrando, acima de tudo, as que aprendemos com as leis de Deus, demonstrando assim nossa constante consciência de que vivemos na eternidade.

Oponho-me à violência porque mesmo quando esta parece fazer o bem, este bem é apenas temporário; o mal que ela faz é permanente.

Mahatma Gandhi

3. A PESSOA JUSTA

Jesus representa a justiça, e os justos vão tentar seguir os passos de Jesus durante suas vidas. Para pessoas justas, todas as ações quotidianas, tudo sobre que pensam, todas as decisões que fazem, tudo o que leem e olham, será feito da mesma forma que Jesus teria feito. O justo saberá imediatamente se algo é certo ou errado, justo ou injusto, divino ou não.

Jesus, que habita dentro do homem justo, se comunica constantemente com seu coração, consciência, alma e espírito. Para a pessoa justa, a justiça satura cada aspecto de sua vida; ela procura levar uma vida digna em cada momento do seu dia. A sede e a fome são apetites que retornam, muitas vezes, exigindo nossa frequente atenção durante todo o dia. Da mesma forma, o justo está em constante necessidade de sustento de refeições de justiça para fazer um bom trabalho diário. Quando uma pessoa tem fome e sede de justiça, ela torna-se um novo indivíduo e este novo indivíduo se aproxima de Deus.

Uma vida justa é a que traz paz e alegria à pessoa justa. E por causa de sua iluminação espiritual, ela percebe que nada pode ser mais perfeito, mais puro, ou mais agradável ao nosso Criador Celestial que viver na retidão.

É interessante notar que esta bem-aventurança não diz, "Bem-a-venturados os justos". Ao contrário, diz, "Bem-aventurados os que têm fome e sede de justiça porque eles serão saciados". Parece estar implícito nesta bem-aventurança a compreensão de que estamos sendo desafiados a nos comprometer com um processo, uma jornada, procurando alcançar a justiça de Deus.

Mas não devemos nos preocupar com as provações em nossos caminhos porque Jesus nos prometeu:

- "Todo aquele que beber da água que dou nunca terá sede. Em verdade, a água que dou vem da fonte da água viva que dá vida eterna." (João 4:14) (Ver Anexo 1)
- "Eu sou o pão da vida." (João 6:48)

A verdadeira religião encontra-se na vida real; vivendo com toda a alma, com toda bondade e justiça.

ALBERT EINSTEIN

4. Cuidados com o corpo e com o espírito

Expandindo nossos estudos sobre a quarta bem-aventurança e a necessidade da temperança e frugalidade, voltamo-nos para uma passagem em O Evangelho Segundo o Espiritismo, em que um espírito protetor explica sobre a necessidade da manutenção cuidadosa do corpo que, como demonstrado pelas consequências de saúde e enfermidade, influencia de forma muito importante a alma, que deve ser considerada como uma prisioneira da carne. Para que esta prisioneira possa viver, mover-se e até mesmo conceber a ilusão de liberdade, o corpo deve ser forte, de boa disposição e vigoroso. Por esta razão, seria um erro interpretar o ensinamento de Jesus, "bem-aventurados os que tem sede e fome de justiça, porque eles serão saciados", como algo físico, e que implicasse que deveríamos morrer de fome a fim de alcançar a perfeição espiritual.

No livro *A Gênese* (Cap. 11, item 11) Kardec explica que (...) é o espírito que molda o seu envoltório (corpo), de acordo com suas novas necessidades. Ele o leva em direção à perfeição, o desenvolve e o completa à medida que experimenta a necessidade de manifestar novas qualidades.

O Espiritismo nos ajuda a compreender a importância da relação entre corpo e alma, e nos diz que ambos são necessários um para o outro e devem ser cuidados. Portanto, devemos amar nossa alma, mas cuidar também de nosso corpo, o instrumento da alma. Ser negligente em relação às necessidades que a própria natureza nos indica, significa sermos negligentes perante a lei de Deus. [13]

Então, aqueles que desejam possuir uma consciência clara, uma mentalidade forte e uma mente bem equilibrada, precisam aprender a ter frugalidade e temperança. É preciso evitar excessos no comer,

---

13 JORGE, um espírito protetor (Paris, 1863). (*O Evangelho Segundo o Espiritismo* – Cap. XVII item 11)

o que perturba o corpo e a mente. Isso também é válido para o beber em excesso, o que implica a perda de toda a dignidade e em exceder todos os limites. A repetição frequente de qualquer um deles, inevitavelmente leva à doença e à enfermidade.

Precisamos conceder ao corpo aquilo que ele necessita para que continue a ser um servo útil, e nada mais; esta é a regra do sábio: reduzir o consumo de suas necessidades físicas; subjugar os sentidos e dominar os apetites inferiores; eliminar o jugo das forças inferiores; preparar a emancipação do espírito. Ter poucas necessidades é também uma forma de riqueza.[14]

Afinal, a perfeição reside inteiramente na transformação a que submetemos nossos espíritos, e nossos corpos são vasos sagrados que devem nos ajudar a alcançar este objetivo.

5. Frugalidade e Temperança

Benjamin Franklin nos diz sobre a importância da frugalidade e temperança:

- **Frugalidade:** Não faça gastos, senão para fazer o bem a outros e a si mesmo; não desperdice nada.
- **Temperança:** Não coma com estupidez; nem beba em excesso.

Ser frugal é esforçar-se para viver dentro de suas possibilidades. Não desperdice seu dinheiro em diversão e brincando, e não desperdice os recursos que Deus lhe deu.

A pessoa temperante evita os extremos. Não bebe ou come em excesso, ou participa de algo que não é saudável. Procura encontrar o meio termo e aprende o autodomínio.

Se tivermos vontade de nos permitir algo, reflitamos um pouco e procuraremos aplicar este ditado oriental:

"Para ser forte, para ser feliz — seja puro!"

---

14 *Depois da Morte* por Léon Denis

ANEXO

JESUS FALA COM UMA MULHER SAMARITANA[15]

E quando o Senhor entendeu que os fariseus tinham ouvido que Jesus fazia e batizava mais discípulos que João, ainda que Jesus mesmo não batizasse, mas os discípulos, deixou a Judéia e foi outra vez para a Galileia.

E era-lhe necessário passar por Samaria. Foi, pois, a uma cidade de Samaria, chamada Sicar, junto da herdade que Jacó tinha dado a seu filho José. E estava ali a fonte de Jacó. Jesus, pois, cansado do caminho, assentou-se assim junto da fonte. Era isto quase à hora sexta.

Veio uma mulher de Samaria tirar água; disse-lhe Jesus: "Dá-me de beber". Porque os seus discípulos tinham ido à cidade comprar comida.

Disse-lhe, pois, a mulher samaritana:

—   Como, sendo tu judeu, me pedes de beber a mim, que sou mulher samaritana? (Porque os judeus não se comunicavam com os samaritanos).

—   Jesus respondeu, e disse-lhe:

—   Se tu conheceras o dom de Deus, e quem é o que te diz: Dá-me de beber, tu lhe pedirias, e ele te daria água viva.

—   Disse-lhe a mulher:

—   Senhor, tu não tens com que a tirar, e o poço é fundo; onde pois tens a água viva? És tu maior do que o nosso pai Jacó, que nos deu o poço, bebendo ele próprio dele, e os seus filhos, e o seu gado?

Jesus respondeu:

---

15 João 4:1–26

— *Qualquer que beber desta água tornará a ter sede; mas aquele que beber da água que eu lhe der nunca terá sede, porque a água que eu lhe der se fará nele uma fonte d'água que salte para a vida eterna.*

Disse-lhe a mulher:

— *Senhor, dá-me dessa água, para que não mais tenha sede, e não venha aqui tirá-la.*

Disse-lhe Jesus:

— *Vai, chama o teu marido, e vem cá. A mulher respondeu:*

— *Não tenho marido.*

— *Porque tiveste cinco maridos, e o que agora tens não é teu marido; isto disseste com verdade.*

— *Senhor, disse-lhe a mulher, vejo que és profeta. Nossos pais adoraram neste monte, e vós agora dizeis que é em Jerusalém o lugar onde se deve adorar.*

Disse-lhe Jesus:

— *Mulher, crê-me que a hora vem, em que nem neste monte nem em Jerusalém adorareis o Pai. Vós adorais o que não sabeis; nós adoramos o que sabemos porque a salvação vem dos judeus. Mas a hora vem, e agora é, em que os verdadeiros adoradores adorarão o Pai em espírito e em verdade; porque o Pai procura a tais que assim o adorem. Deus é espírito, e importa que os que o adoram o adorem em espírito e verdade.*

A mulher disse-lhe:

— *Eu sei que o Messias (que se chama Cristo) vem; quando ele vier, nos anunciará tudo.*

Jesus disse-lhe:

— *Eu o sou, eu que falo contigo.*

Leitura Complementar

Recomendamos ao leitor a leitura do texto abaixo, sublinhando os trechos que mais o tocaram, e que mais sente precisam ser trabalhados em si mesmo.

Traço Espírita

O companheiro, contado na estatística da Nova Revelação, não pode viver de modo diferente dos outros, no entanto, é convidado pela consciência a imprimir o traço de sua convicção espírita em cada atitude.

Trabalha – não ao jeito de pião consciente enrolado ao cordel da ambição desregrada, aniquilando-se sem qualquer proveito. Age construindo.

Ganha – não para reter o dinheiro ou os recursos da vida na geladeira da usura. Possui auxiliando.

Estuda – não para converter a personalidade num cabide de condecorações acadêmicas sem valor para a Humanidade. Aprende servindo.

Prega – não para premiar-se em torneios de oratória e eloquência, transfigurando a tribuna em altar de suposto endeusamento. Fala edificando.

Administra – não para ostentar-se nas alegrias do poder, sem aderir à responsabilidade que lhe pesa nos ombros. Dirige obedecendo.

Instrui – não para transformar os aprendizes em carneiros destinados à tosquia constante, na garantia de propinas sociais e econômicas.

Ensina exemplificando.

Redige – não para exibir a pompa do dicionário ou render homenagens às extravagâncias de escritores que fazem da literatura complicado pedestal para o incenso a si mesmos. Escreve enobrecendo.

Cultiva a fé – não com o intento pretensioso de escalar o Céu teológico pelo êxtase inoperante, na sua falsa ideia de que Deus se compara a tirano amoroso, feito de caprichos e privilégios. Crê realizando.

O espírita vive como vivem os outros, mas em todas as manifestações da existência é chamado a servir aos outros, através da atitude.

EMMANUEL/ANDRÉ LUIZ / FRANCISCO C. XAVIER – *Opinião Espírita* – item 3

DECÁLOGO DO APERFEIÇOAMENTO

1. *Diminua as próprias necessidades e aumente as suas concessões.*

2. *Intensifique o seu trabalho e reduza as quotas de tempo inaproveitado.*

3. *Eleve as ideias e reprima os impulsos.*

4. *Liberte o "homem do presente", na direção de Jesus e aprisione o "homem do passado" que ainda vive em você.*

5. *Vigie os seus gestos, entendendo os gestos alheios.*

6. *Persevere no estudo nobre, reconhecendo na vida a escola sagrada de nossa ascensão para Deus.*

7. *Julgue a você mesmo e desculpe indistintamente.*

8. *Fale com humildade, ouvindo com atenção.*

9. *Medite realizando e ore servindo.*

10. *Confie no Amor do Eterno e renda culto diário às obrigações em que ele mesmo nos situou.*

ANDRÉ LUIZ / FRANCISCO C. XAVIER – *Ideal Espírita* – Item 28

6

Perdão e Misericórdia
Moderação

Objetivo

Analisar a importância de ser misericordioso e perdoar de acordo com as Bem-Aventuranças ensinadas por Jesus no Sermão do Monte, e correlacionar este ensinamento com uma das treze virtudes de Benjamin Franklin: Moderação.

1. Perdão e Misericórdia

"Bem-aventurados os misericordiosos, porque eles alcançarão misericórdia." (Mateus 5:7)

A misericórdia é o complemento da mansidão, porque quem não é misericordioso não pode ser manso e pacífico. Misericórdia consiste em esquecer e perdoar ofensas. Somente a alma avançada pode esquecer as ofensas e estar acima dos insultos que podem ser direcionados a ele.

Ai daquele que diz, "Eu nunca perdoarei", porque se não for condenado pelos homens, sê-lo-á certamente por Deus. Com que direito reclamará o perdão das suas próprias faltas se ele mesmo não perdoa as dos outros? Jesus nos ensina que a misericórdia não deve ter limites, quando diz para perdoar ao seu irmão não sete vezes, mas setenta vezes sete vezes. (*O Evangelho Segundo o Espiritismo* – Cap.10)

Para entendermos melhor a necessidade do perdão, precisamos refletir sobre o lema principal do Espiritismo: Fora da caridade não há salvação, e caridade em sua plena expressão abrange o perdão como mencionado na questão 886 de *O Livro dos Espíritos*:

Qual o verdadeiro sentido da palavra caridade como entendia Jesus?

"Benevolência para com todos, indulgência para as imperfeições dos outros, perdão das ofensas."

Todos nós aprendemos sobre a importância do perdão, mas muitas vezes só nos falam para perdoar; não somos ensinados a como perdoar de verdade e o que isto significa. O ponto é que todos em algum momento de nossas vidas já fomos magoados, feridos – alguns de nós, muitas vezes – e podemos sentir ressentimento, raiva, até mesmo ódio pelas pessoas responsáveis por isto. Nossa educação religiosa pode ter nos ensinado a "perdoar nossos inimigos" ou "dar a outra face", mas podemos achar difícil fazê-lo, mesmo quando queremos. Na oração "Pai Nosso" pedimos a Deus "perdoai as nossas ofensas assim como perdoamos nossos ofensores", mas, na realidade, estaríamos contentes com o perdão para nós somente. Concluímos, portanto, que é tão difícil perdoar aos outros assim como a nós mesmos.

"Quantas vezes pagamos por um erro? A resposta é milhares de vezes. O ser humano é o único animal na terra que paga milhares de vezes pelo mesmo erro. Os demais animais pagam uma só vez por cada erro. Mas nós não. Temos uma grande memória. Cometemos um erro, julgamos a nós mesmos, achamo-nos culpados e nos castigamos. Se existe justiça, então uma vez bastaria; não precisamos repetir. Mas toda vez que nos lembramos, nos julgamos mais uma vez, nos culpamos de novo e nos punimos repetidamente. A esposa ou marido também pode nos fazer lembrar de nossos erros, de modo que acabamos nos julgando e nos punindo e sentindo-nos culpados novamente. Isso é justo?

Quantas vezes fazemos nossos conjuges, nossos filhos ou nossos pais pagarem pelo mesmo erro? Cada vez que recordamos o erro, nós os culpamos e enviamos novamente todo o veneno emocional que sentimos com a injustiça, e então os fazemos pagar novamente pelo mesmo erro. Seria isto Justiça?"[16]

É essencial reconhecer que esta não é a sua função e você não tem o direito de punir repetidamente outra pessoa ou a si mesmo por cometer um erro. Como ser humano, seu dever é apenas de perdoar, amar, curar e, é claro, perdoar sempre.

Perdoar é libertar um prisioneiro e descobrir que o prisioneiro era você.

(AUTOR DESCONHECIDO)

2. PERDÃO E SAÚDE

Um presente de flores é muitas vezes enviado para se pedir perdão, mas recente pesquisa indica que pode ser melhor para sua saúde perdoar ainda mesmo se não houver presentes. Um estudo conduzido no Instituto de Pesquisa Social da Universidade de Michigan concluiu que pessoas que perdoam tem menos sensações de inquietação, nervosismo e desesperança.

Aprender a perdoar é uma arte tanto quanto uma ciência. É um hábito, um modo de viver, e uma atitude mais do que um ato único. Muitos estudos mostram que, embora a raiva possa ser uma libertação saudável de energia reprimida, a hostilidade não é saudável, e é o fator de risco emocional número um para a morte prematura por acidentes cardiovasculares. O perdão reduz a pressão arterial e a frequência cardíaca, e reduz também a dor crônica e sintomas de depressão, ansiedade ou stress.

A chave para se tornar mais saudável através do perdão, dizem os especialistas, é o reconhecimento de que qualquer sofrimento físico

---

16 "O Presente do Perdão – Um Encontro Mágico com Don Miguel Ruiz" por Olivier Clerc. Em seu livro, *Os Quatro Acordos*, Don Miguel Ruiz explica a importância do perdão.

ou mental que você sente agora sobre uma situação ou rancor vem do sentimento ferido agora, e não da ofensa original, ou da mágoa que experimentou no passado. Deixar para trás esses sentimentos atuais podem ajudar você a se sentir mais saudável.

Emoções negativas são registradas em nossa memória celular. Elas permanecem arquivadas e afetam a nossa saúde, produzindo traumas e bloqueios emocionais.

Dr. Frederic Luskin, um especialista no aprendizado do perdão, explica que: "A prática têm demonstrado que o perdão reduz a raiva, mágoa, depressão e stress e leva ao aumento dos sentimentos de esperança, paz, compaixão e autoconfiança."

Vivenciar um conflito passado e os danos infligidos por outra pessoa "não os machuca, mas dói muito em você", disse Luskin. Eles dominam seu sistema nervoso, e não são bons hóspedes."

Em sua pesquisa, Luskin, consultor conceituado em promoção de saúde da Universidade de Stanford, implementou sua terapia do perdão com pessoas afetadas pela violência na Irlanda do Norte e Serra Leoa e com pessoas afetadas nos Estados Unidos pelos acontecimentos de 11 de setembro, 2001. Suas descobertas mostram que aqueles que passaram pela terapia, em geral, reduziram a pressão arterial, ganharam pontos de vista mais otimistas sobre a vida e atingiram níveis significantes de paz com o passado. Luskin disse que a hostilidade é um fator na doença cardiovascular e que, quando se pensa negativamente "seu coração recebe um choque dessa negatividade."

Luskin disse que algumas pessoas evitam o perdão por ser mais fácil responsabilizar os conflitos do passado pelos seus problemas atuais. "Muitos de nós nos mantemos presos porque não queremos assumir a responsabilidade de nossa própria vida."

"A prática do perdão leva a relacionamentos saudáveis, bem como à saúde física."

O Dr. Luskin apresenta 9 Passos para o Perdão:

1.   Saiba exatamente como você se sente sobre o que aconteceu e seja capaz de dizer o que não está OK sobre a situação. Fale com algumas pessoas de sua confiança sobre sua experiência;

2.   Assuma um compromisso consigo mesmo de fazer o que puder para se sentir melhor. O perdão é benéfico para você e não para qualquer outra pessoa;

3.   O perdão não significa, necessariamente, a reconciliação com a pessoa que o feriu ou ser conivente com a ação desta pessoa. O que você quer é encontrar a paz. Perdão pode ser definido como a "paz e compreensão de culpar menos o que o feriu, aceitar as experiências da vida menos pessoalmente, e mudar suas experiências de lamentações."

4.   Analise corretamente o que está acontecendo. Reconheça que o seu aborrecimento vem dos sentimentos de mágoa, pensamentos e incômodo físico que você está sofrendo agora, não daquilo que o ofendeu dois minutos ou dez anos atrás. Perdão ajuda a curar aqueles sentimentos feridos.

5.   No momento que você se sentir perturbado, coloque em prática uma simples técnica de controle de stress para acalmar seu corpo e sua alma.

6.   Pare de esperar coisas de outras pessoas, ou de sua vida, que elas não escolheram dar para você. Reconheça as "regras estabelecidas" que você tem para sua saúde, como por exemplo a forma como você ou outras pessoas devem se comportar. Lembre-se que você pode esperar saúde, amor, paz e prosperidade e trabalhar duro para obtê-los.

7.   Coloque sua energia em procurar outra forma de obter seus objetivos positivos que não seja através da experiência que o feriu. Em vez de repassar mentalmente sua mágoa, procure novas maneiras de obter o que deseja.

8.   Lembre-se que uma vida bem vivida é a sua melhor resposta. Em vez de focar em seus sentimentos feridos, o que daria poder sobre

você à pessoa que lhe causou dor, aprenda a olhar para o amor, a beleza e a bondade ao seu redor. Perdão é poder pessoal.

9.   Modifique sua história de lamentação para lembrar-se de sua heroica escolha de perdoar.

Olho por olho fará toda a humanidade cega.

GANDHI

2.1 Perdão – Como Liberar-se de Emoções Tóxicas

Dr. Deepak Chopra diz: "O perdão é uma ferramenta poderosa para a cura pessoal e transformação espiritual, mas é uma habilidade que deve ser aprendida. Praticando os PASSOS para liberar emoções tóxicas, nós podemos fazer o perdão ser uma parte funcional do nosso crescimento ao invés de ser apenas um ditado moral." A melhor maneira de entender o perdão é perceber que perdoar e pedir perdão é o melhor uso da nossa energia e também um dos caminhos mais importantes para a auto cura. Hostilidade é uma emoção que causa inflamações físicas e pode resultar em episódios cardiovasculares inflamatórios, e está também ligada a doenças de deficiências imunológicas; é mais do que lembrar a dor, é também a ruminação sobre uma mágoa do passado.

Se você chutar um cachorro e feri-lo, ele vai se lembrar disso, e se você encontrar o cão, muitos anos depois ele pode atacá-lo no interesse da autopreservação. Portanto, ao contrário dos seres humanos, o cão não vai planejar durante anos sobre a forma de se vingar. Porque os seres humanos ruminam mágoas do passado e têm a capacidade de imaginar e planejar o futuro, eles são capazes de enorme violência contra si e seus semelhantes. Este é um bom motivo para se aprender a perdoar.

Aprender a liberar emoções tóxicas, como a hostilidade, é a essência do aprender a perdoar, porque perdão é, basicamente, liberar o seu apego ou identificação com a resposta condicionada. Existem algumas técnicas psicológicas bem desenvolvidas para liberar emoções tóxicas que são baseadas na premissa de ganhar objetividade e clareza sobre a emoção antes que se possa liberar e perdoar.

Aqui estão as 7 fases do processo de liberação de emoções tóxicas:
1. Assumir a responsabilidade de sua emoção.
2. Testemunhar a emoção.
3. Definir ou catalogar a emoção.
4. Expressar a emoção.
5. Partilhar a emoção.
6. Liberar a emoção através de um ritual.
7. Comemorar a libertação e SEGUIR ADIANTE.

Depois de localizar o desconforto em seu corpo, sinta-o por alguns minutos. Pergunte a si mesmo, "Quem é a pessoa mais afetada por reter energia tóxica?"

A resposta, claro, é óbvia – você está prejudicando a si mesmo mais do que está ferindo o outro.

Ressentimento é como beber veneno e ficar esperando que ele mate seus inimigos.

NELSON MANDELA

2.2 PERDÃO – SAÚDE E ALEGRIA

Everett L. Worthington, Jr., Ph.D., professor de psicologia na Virginia Commonwealth University, Richmond, Virginia, diz: "Perdão é simultaneamente uma decisão e uma mudança real na experiência emocional. Esta mudança na emoção está relacionada com uma melhor saúde mental e física."

O Dr. Worthington não só estudou o ato radical do perdão na Virginia Commonwealth University; ele tomou seu próprio remédio, perdoando os autores do brutal assassinato de sua idosa mãe, em 1996.

Ele se refere ao processo do perdão como **REACH** (Alcance):

1. **R**elembre a dor, da maneira mais objetiva que puder. Não julgue a outra pessoa adicionando rótulos como "mal". Respire profundamente enquanto você faz isso.

2. **E**mpatia com aquele que o feriu. Tente entender o ponto de vista do outro. Isto pode não ser fácil, mas tente encontrar alguma explicação plausível para o modo de pensar do outro que resultou em ações ofensivas. Por exemplo, quando as pessoas se sentem ameaçadas ou com medo, podem atacar com violência. Importante refletir que você não está desculpando o comportamento da outra pessoa, mas está apenas tentando entender o ponto de vista dela.

3. **A**presente a forma altruísta do perdão. Novamente, isto pode não ser fácil. Pense em alguma vez que você possa ter ferido alguém, quando você se sentiu culpado e foi perdoado. O perdão foi um presente. Agora dê o presente do perdão para o benefício de outra pessoa. Isto libertará você quando puder dar esse presente sem guardar rancor.

4. **C**omprometa-se com o perdão publicamente. Dr. Worthington faz seus clientes escreverem cartas de perdão, escreverem em um diário ou contarem a um amigo o que eles fizeram.

5. **H**abite no perdão e segure-o. Quando as memórias do doloroso evento ressurgirem, e certamente ressurgirão, apegue-se ao fato de que você já perdoou a pessoa. O perdão não apaga o evento e as memórias não significam que você é incapaz de perdoar. O perdão é uma escolha poderosa para mudar a energia que uma memória dolorosa carrega. Deixe de lado pensamentos de vingança ou revanche.

O perdão é a fragrância que a violeta esparge sobre o calcanhar que a esmagou.

MARK TWAIN

Lembremo-nos que por perdoar os outros não estamos necessariamente nos tornando grandes amigos de pessoas que nos fizeram mal, mas pelo menos vamos parar de aprisionar nossos corações aos ressentimentos, à raiva e a outros sentimentos de isolamento. Não temos que ativamente amar nossos inimigos, ou mesmo gostar deles; nós só precisamos parar de anular nossa capacidade de amá-los, para parar de usá-los como uma razão para encolher nossos corações e, progressivamente, secar nosso amor.

3. Moderação e Perdão

Benjamin Franklin expressa com eloquência a importância da moderação quando disse "Evite extremismos; abstenha-se de guardar ressentimento pelas injúrias, na medida em que as considerarmos merecidas." Ele entendeu que uma forma de alcançar a evolução espiritual era aprender a perdoar as ofensas, e abandonar os ressentimentos, assim evitando ações que possam levar a danos maiores.

A moderação em todas as coisas – inclusive na moderação.
Benjamin Franklin

4. A fé raciocinada e o perdão

Relativamente aos recursos do Espiritismo, a fim de alcançarmos forças para o perdoar, podemos:

a) construir em nós mesmos a fé raciocinada. O estudo dos princípios do Espiritismo nos auxiliam consideravelmente na conquista do perdão. Quando estudamos e principalmente quando, após os estudos, nos *conscientizamos* dos atributos da divindade, quando ficamos atentos para o fato de que tudo o nos ocorre tem uma causa e, se Deus é justo, justa há de ser esta causa. Dessa forma, vamos conquistando uma propensão maior ao perdão.

Esta conscientização pode ser desenvolvida com auxílio de exercícios e técnicas de relaxamento, acompanhados da prece.

b) considerar a imortalidade da alma e introjetarmos uma visão mais ampla da vida. Ter sempre presente à memória e às reflexões que preexistimos e sobrevivemos à vida atual, somos mais do que corpos materiais e, portanto, é razoável atribuir valor relativo aos bens materiais, às situações sociais e libertarmo-nos do conceito de valor que a mentalidade ainda materialista atribui às pessoas de acordo com suas posições temporárias e suas posses.

c) estudar a reencarnação, de forma aprofundada, pela leitura, reflexão e observação de fatos. Analisar as leis de causa e efeito no mundo moral; aplicar as conclusões dessas reflexões ao caso pessoal, aos sofrimentos e desgostos que eventualmente nos visitem. Entender que todos os sofrimentos e decepções que Deus permite nos atinjam são justos por terem uma causa e uma finalidade evolutiva.

d) refletir a respeito da aplicação prática dos conceitos de resignação e dos desafios quotidianos expostos acima na Lição 3 do presente livro: Resignação na adversidade – Tranquilidade;

e) admitir que perdoar é uma continuação, uma consequência lógica da resignação na adversidade pois que se precisamos ter resignação, aceitação dos problemas que naturalmente nos advêm, é lógico e sábio ter resignação quando essas adversidades tenham sido provocadas pela irreflexão, imprudência ou má intenção das pessoas. Podemos até dizer que a capacidade de perdoar desenvolve-se com o fortalecimento da capacidade de resignação na adversidade e na compreensão de que enfrentar situações difíceis é uma grande oportunidade de acelerar nosso progresso e atingir a alegria e felicidade legítimas.

Allan Kardec expressa esses pensamentos em *O Evangelho Segundo o Espiritismo* (Cap XII item 4), da seguinte forma:

"Sabe ele (o espírita) que, pela mesma destinação da Terra, deve esperar topar aí com homens maus e perversos; que as maldades com que se defronta fazem parte das provas que lhe cumpre suportar e o elevado ponto de vista em que se coloca

lhe torna menos amargas as vicissitudes, quer advenham dos homens, quer das coisas. Se não se queixa das provas, tampouco deve queixar-se dos que lhe servem de instrumento. Se, em vez de se queixar, agradece a Deus o experimentá-lo, deve também agradecer a mão que lhe dá ensejo de demonstrar a sua paciência e a sua resignação. Esta ideia o dispõe naturalmente ao perdão. Sente, além disso, que quanto mais generoso for, tanto mais se engrandece aos seus próprios olhos e se põe fora do alcance dos dardos do seu inimigo."

5. Jesus e o Perdão

Então Pedro aproximando-se dele disse, "Senhor, até quantas vezes pecará meu irmão contra mim, e eu lhe perdoarei? Até sete?" Jesus lhe disse, "Não te digo que até sete, mas até setenta vezes sete."[17]

Este ensinamento nos lembra a estória de uma senhora que veio até Chico Xavier e falou para ele sobre sua difícil família, dizendo que não podia suportá-la por mais tempo. Seu marido era muito agressivo e os seus filhos a deixavam louca.

Chico lembrou-a que Jesus recomendou que devemos perdoar não apenas sete vezes, mas setenta vezes sete. Mas ela respondeu a Chico:

"Olha Chico, estou ciente do valor do perdão e eu já perdoei meus parentes mais de quatrocentas e noventa vezes."

"Bem, minha filha, Emmanuel está ao meu lado e ele me pede para te dizer que devemos perdoar setenta vezes sete cada tipo de delito. Ainda há muito mais para perdoar."

Perdoar aos inimigos é pedir perdão para si próprio; perdoar aos amigos é dar-lhes uma prova de amizade; perdoar as ofensas é mostrar-se melhor do que era.

17 (Mateus 18:15,21–22)

Paulo, apóstolo (*ESE* – Cap X – Item 15)

Vamos também aprender a perdoar nossos irmãos e irmãs e seguir os exemplos de Jesus. No momento mais doloroso de sua vida seus pensamentos se dirigiam a nós, seus irmãos e irmãs, quando ele pronunciou as palavras que até hoje ressoam em nossos corações:

Pai, perdoa-lhes, eles não sabem o que fazem.

Lucas 23:34

LEITURA COMPLEMENTAR

Recomendamos ao leitor a leitura do texto abaixo, sublinhando os trechos que mais o tocaram, e que mais sente precisam ser trabalhados em si mesmo.

INSTRUÇÕES DOS ESPÍRITOS – PERDÃO DAS OFENSAS

Quantas vezes perdoarei a meu irmão? Perdoar-lhe-eis, não sete vezes, mas setenta vezes sete vezes. Aí tendes um dos ensinos de Jesus que mais vos devem percutir a inteligência e mais alto falar ao coração. Confrontai essas palavras de misericórdia com a oração tão simples, tão resumida e tão grande em suas aspirações, que ensinou a seus discípulos, e o mesmo pensamento se vos deparará sempre.

Ele, o justo por excelência, responde a Pedro: perdoarás, mas ilimitadamente; perdoarás cada ofensa tantas vezes quantas ela te for feita; ensinarás a teus irmãos esse esquecimento de si mesmo, que torna uma criatura invulnerável ao ataque, aos maus procedimentos e às injúrias; serás brando e humilde de coração, sem medir a tua mansuetude; farás, enfim, o que desejas que o Pai celestial por ti faça. Não está ele a te perdoar frequentemente? Conta porventura as vezes que o seu perdão desce a te apagar as faltas?

Prestai, pois, ouvidos a essa resposta de Jesus e, como Pedro, apli-cai-a a vós mesmos. Perdoai, usai de indulgência, sede caridosos, generosos, pródigos até do vosso amor.

Dai, que o Senhor vos restituirá; perdoai, que o Senhor vos perdoará; abaixai-vos, que o Senhor vos elevará; humilhai-vos, que o Senhor fará vos assenteis à sua direita.

Ide, meus bem-amados, estudai e comentai estas palavras que vos dirijo da parte dAquele que, do alto dos esplendores celestes, vos tem sempre sob as suas vistas e prossegue com amor na tarefa ingrata a que deu começo faz dezoito séculos. Perdoai aos vossos irmãos, como precisais que se vos perdoe. Se seus atos pessoal-mente vos prejudicaram, mais um motivo aí tendes para serdes indulgentes, porquanto o mérito do perdão é proporcionado à gravidade do mal. Nenhum merecimento teríeis em relevar os agravos dos vossos irmãos, desde que não passassem de simples arranhões.

Espíritas, jamais vos esqueçais de que, tanto por palavras, como por atos, o perdão das injúrias não deve ser um termo vão. Pois que vos dizeis espíritas, sede-o. Olvidai o mal que vos hajam feito e não penseis senão numa coisa: no bem que podeis fazer. Aquele que enveredou por esse caminho não tem que se afastar daí, ainda que por pensamento, uma vez que sois responsáveis pelos vossos pensamentos, os quais todos Deus conhece. Cuidai, portanto, de os expungir de todo sentimento de rancor. Deus sabe o que demora no fundo do coração de cada um de seus filhos. Feliz, pois, daquele que pode todas as noites adormecer, dizendo: Nada tenho contra o meu próximo.

Simeão, Bordeaux, 1862
(*O Evangelho Segundo o Espiritismo* – Cap. 10, item 14)

PARÁBOLA DO FILHO PRÓDIGO[18]

Disse-lhe mais: Certo homem tinha dois filhos.

O mais moço deles disse ao pai: Pai, dá-me a parte dos bens que me toca. Repartiu-lhes, pois, os seus haveres.

Poucos dias depois, o filho mais moço ajuntando tudo, partiu para um país distante, e ali desperdiçou os seus bens, vivendo dissolutamente. E, havendo ele dissipado tudo, houve naquela terra uma grande fome, e começou a passar necessidades.

Então foi encontrar-se com um dos cidadãos daquele país, o qual o mandou para os seus campos a apascentar porcos.

E desejava encher o estômago com a comida dos porcos, mas ninguém lhe dava nada. Caindo, porém, em si, disse: Quantos empregados de meu pai têm abundância de pão, e eu aqui pereço de fome!

Levantar-me-ei, irei ter com meu pai e dir-lhe-ei: Pai, pequei contra o céu e diante de ti; já não sou digno de ser chamado teu filho; trata-me como um dos teus empregados.

Levantou-se, pois, e foi para seu pai.

Estando ele ainda longe, seu pai o viu, encheu-se de compaixão e, correndo, lançou-se-lhe ao pescoço e o beijou.

Disse-lhe o filho: Pai, pequei contra o céu e diante de ti; já não sou digno de ser chamado teu filho. Mas o pai disse aos seus servos: Trazei depressa a melhor roupa, e vesti-lhe, e ponde-lhe um anel no dedo e alparcas nos pés; trazei também o bezerro cevado e matai-o; comamos, e regozijemo-nos, porque este meu filho estava morto, e reviveu; tinha-se perdido, e foi achado. E começaram a regozijar-se.

Ora, o seu filho mais velho estava no campo; e quando voltava, ao aproximar-se de casa, ouviu a música e as danças; e chegando um dos servos, perguntou-lhe que era aquilo.

---

18 Lucas 15:11–32

Respondeu-lhe este: Chegou teu irmão e teu pai matou o bezerro cevado, porque o recebeu são e salvo.

Mas ele se indignou e não queria entrar. Saiu então o pai e instava com ele.

Ele, porém, respondeu ao pai: Eis que há tantos anos te sirvo, e nunca transgredi um mandamento teu; contudo nunca me deste um cabrito para eu me regozijar com os meus amigos; vindo, porém, este teu filho, que desperdiçou os teus bens com as meretrizes, mataste-lhe o bezerro cevado.

Replicou-lhe o pai: Filho, tu sempre estás comigo, e tudo o que é meu é teu; era justo, porém, regozijarmo-nos e alegramo-nos, porque este teu irmão estava morto e reviveu; tinha-se perdido e foi encontrado.

7

PERFEIÇÃO MORAL
LIMPEZA E CASTIDADE

OBJETIVO

Analisar a importância de ter um coração puro de acordo com as Bem-Aventuranças ensinadas por Jesus no Sermão do Monte e correlacionar este ensinamento com duas das treze virtudes de Benjamin Franklin: Limpeza e Castidade.

1. PERFEIÇÃO

A mais antiga definição de "perfeição", que é bastante precisa e distingue os vários matizes do conceito, remonta a Aristóteles. No Livro Delta da *Metafísica*,[19] ele distingue três significados do termo, ou melhor, três níveis de um significado, mas em alguns casos três conceitos diferentes. O que é perfeito:

1. o que está completo – o que contém todas as partes;
2. o que é o melhor no seu gênero pois não há nada que possa superá-lo;
3. o que atingiu o seu propósito.

---

19 Embora o livro seja conhecido sob o título de *Metafísica*, um dos discípulos de Aristóteles, Andrônico de Rhodes, organizou e classificou as obras do filósofo em uma sequência de volumes que compunham a *Metafísica* (a saber, Alfa, Beta, Gama, Delta, etc). [Nota da Revisão, I. M.]

Para Aristóteles, "perfeito" significa "completo" ("nada a adicionar ou subtrair").[20]

O conceito de perfeição, como um atributo de Deus, passou a fazer parte do horizonte teológico apenas nos tempos modernos, através de René Descartes – como um conceito singular e também plural, como as "perfeições" de Deus.[21]

Depois de Descartes, outros grandes filósofos do século XVII mantiveram essa ideia de perfeição como um dos principais conceitos em filosofia.

Há uma estória de um discípulo de um grande guru indiano que perguntou ao seu grande mestre:

"Quantas vidas devo viver para alcançar a perfeição?" O mestre apontou para a grande árvore, sob a qual ele estava sentado, e respondeu: "Você deve viver tantas vidas quanto o número de folhas nesta árvore." Ao ouvir a resposta, o discípulo começou a chorar compulsivamente. Quando o mestre perguntou por que estava chorando, ele exclamou: "Tão poucas! Tão poucas para alcançar a perfeição!"

2. "BEM-AVENTURADOS OS PUROS NO CORAÇÃO, PORQUE VERÃO A DEUS."

A sexta Bem-aventurança que encontramos no Sermão do Monte é: Bem-aventurados os puros no coração, porque verão a Deus.

Vamos começar analisando a palavra "coração". Atualmente, o termo coração é usado principalmente para descrever o aspecto emocional do indivíduo. No dicionário Webster a definição é: "a

20 TATARKIEWICZ, "Perfection: the Term and the Concept," *Dialectics and Humanism*, vol. VI, no. 4 (Autumn 1979).

21 TATARKIEWICZ, "Ontological and Theological Perfection," *Dialetics and Humanism*, vol. VIII, no. 1 (Winter 1981).

sede das emoções: considerado do lado moral da natureza humana em contrapartida ao intelectual, como por exemplo, ele era todo razão e sem coração."

Na Bíblia, o termo coração descreve todo o aspecto íntimo do indivíduo. Descreve o ser integral, ou seja, a essência da personalidade. Portanto, a palavra "coração" refere-se à consciência integral do indivíduo, assim como ao intelecto, às emoções e à vontade. Não há palavra usada na Bíblia que seja mais abrangente para definir cada aspecto das funções da mente do indivíduo, de sua consciência, do seu ser. O coração é o centro e a fonte de tudo que somos e de tudo que fazemos. Portanto, o estudo do coração do indivíduo é fundamental para o seu relacionamento com Deus. Quando Jesus fala sobre a pureza de coração, ele está nos convidando a trabalhar em nossa transformação moral a fim de que possamos alcançar a perfeição moral. Sabemos muito bem o que nós, seres humanos, somos capazes de apresentar em nossos corações, desde pensamentos doentios, cobiça, injúria e arrogância, até ao amor, compaixão e fraternidade. As construções negativas que vêm dos nossos corações são o que torna difícil para nós podermos ver e sentir a presença de Deus.

A pureza de coração é inseparável da simplicidade e da humildade e exclui todo pensamento de egoísmo e de orgulho. Por esta razão, usando palavras muito simples e diretas, Jesus disse aos apóstolos: Deixai vir a mim as criancinhas, e não as impeçais, porque o reino dos céus é para aqueles que se lhes assemelham. Em verdade eu vos digo, todo aquele que não receber o reino de Deus como uma criança, nele não entrará.[22]

Jesus usa a infância como um símbolo de pureza, assim como a usa como um símbolo de humildade.

Esta passagem nos mostra que, se não conquistarmos a pureza de coração, removendo o orgulho, preconceito e ódio de nossa

---

22 Marcos 10:13–16 e Lucas 18:15–17.

personalidade, não seremos capazes de chegar a Deus, isto é, experimentar e alcançar a perfeição.

"Poderia parecer menos justa essa comparação, considerando-se que o Espírito da criança pode ser muito antigo e que traz, renascendo para a vida corporal, as imperfeições de que se não tenha despojado em suas precedentes existências. Só um Espírito que houvesse chegado à perfeição nos poderia oferecer o tipo da verdadeira pureza. É exata a comparação, porém, do ponto de vista da vida presente porquanto a criancinha, não havendo podido ainda manifestar nenhuma tendência perversa, nos apresenta a imagem da inocência e da candura. Daí o não dizer Jesus, de modo absoluto, que o reino dos céus é para elas, mas para os que se lhes assemelhem." (*ESE* Cap. 8, item 3)

Durante os primeiros anos, "o Espírito é verdadeiramente criança, por se acharem ainda adormecidas as ideias que lhe formam o fundo do caráter. Durante o tempo em que seus instintos se conservam amodorrados, ele é mais maleável e, por isso mesmo, mais acessível às impressões capazes de lhe modificarem a natureza e de fazê-lo progredir, o que torna mais fácil a tarefa que incumbe aos pais.

O Espírito, pois, enverga temporariamente a túnica da inocência e, assim, Jesus está com a verdade, quando, sem embargo da anterioridade da alma, toma a criança por símbolo da pureza e da simplicidade.". (*ESE* Cap. 8, item 4)

Uma pergunta muito importante que devemos nos fazer é como podemos ser verdadeiramente puros de coração? Como podemos ser puros em nossas imaginações, nossos pensamentos, nossas palavras, em nossas decisões e nossos desejos? A verdadeira pureza não está somente nos atos; está também no pensamento, porquanto aquele que tem puro o coração, nem sequer pensa no mal. (*ESE* Cap. 8, item 6)

Então, como podemos pensar como Deus pensa, querer como Deus quer, desejar como Deus deseja, amar como Deus ama? Em outras palavras, como nossos corações podem ser puros, livres de erros como o orgulho e a inveja, livres de pensamentos e ações cruéis?

Muitas pessoas tentam se purificar através do ascetismo, levando uma vida de completa renúncia de si mesmo, por outros métodos como se isolando do mundo, vivendo uma vida solitária, através do silêncio permanente ou se autoflagelando. Tentam limpar seus corpos através do celibato, do jejum e das preces, mas este ascetismo não resulta em pureza de coração.

Então o primeiro ponto que devemos notar é este: o caminho para um coração puro começa com a percepção de que ainda estamos em marcha, mas longe da perfeição e, portanto, que nossos corações ainda nutrem sentimentos negativos. Devemos aprender com os ensinamentos de Jesus e da Bíblia que o caminho para Deus nada tem a ver com a nossa aparência externa, o nosso comportamento, ou nossas conquistas materiais. Não importa qual o nível escolar, inteligência, sucesso nos negócios, ou posição social a pessoa tenha alcançado. Esses fatores não produzem efeito sobre a pureza do coração.

Na Parábola do Festim de Núpcias (Mateus 22: 1-14), pode-se ler: Os servos então saíram pelas ruas e trouxeram todos os que iam encontrando, bons e maus; a sala das bodas se encheu de pessoas que se puseram à mesa.

Entrou, em seguida, o rei para ver os que estavam à mesa, e, dando com um homem que não vestia a túnica nupcial, disse-lhe: - Meu amigo, como entraste aqui sem a túnica nupcial? O homem guardou silêncio. Então, disse o rei à sua gente:

- Atai-lhe as mãos e os pés e lançai-o nas trevas exteriores: aí é que haverá prantos e ranger de dentes porquanto, muitos há chamados, mas poucos escolhidos." (*ESE* Cap. 18, item 2)

O que podemos fazer então para obter a pureza de coração? Para começar, temos que aprender a ver a nós mesmos da maneira que realmente somos, seguindo os conselhos que recebemos dos espíritos quando Allan Kardec (O Livro dos Espíritos) perguntou-lhes:

919. Qual o meio prático mais eficaz que tem o homem de se melhorar nesta vida e de resistir à atração do mal?

"Um sábio da antiguidade vo-lo disse: Conhece-te a ti mesmo."

909. Poderia sempre o homem, pelos seus esforços, vencer as suas más inclinações?

"Sim, e, frequentemente, fazendo esforços muito insignificantes. O que lhe falta é a vontade. Ah! Quão poucos dentre vós fazem esforços! "

Como regra, estamos sempre prontos para desculpar as próprias transgressões, fazendo todos os tipos de racionalizações a fim de justificarmos nossos pensamentos e ações. Enquanto insistirmos em lidar com as nossas imperfeições através do uso de meias verdades, seremos incapazes de superá-las. Se acreditamos seriamente em nossa transformação pessoal não devemos alimentar nenhuma imperfeição que tivermos.

Manter nossos corações puros requer comprometimento total a todos os momentos. Devemos buscar a pureza de coração agora no presente, caso contrário, a noção exterior de religiosidade nos iludirá.

Temos que nos comprometer todos os dias a pelo menos tentar não errar. Nossos pensamentos irão permear e controlar todo o nosso caráter. Devemos prestar atenção à recomendação de Paulo: "Quanto ao mais, tudo o que é verdadeiro... honesto... puro... amável... [e] de boa forma... nisso pensai. – (Filipenses 4:8).

Ao sermos honestos conosco mesmos, seremos capazes de realizar nossa transformação moral. Todo ser humano traz, gravado em si, na sua consciência, na sua razão, os rudimentos da lei moral. Uma boa ação proporciona ao seu autor uma satisfação íntima, uma espécie de dilatação, de desabrochar da alma; nossas faltas, ao contrário, trazem frequentemente, como consequência mágoa e remorsos.

O espírito encontra em todos os lugares o que ele fez de si próprio. Se viola a lei moral, entenebrece sua consciência e suas faculdades; materializa-se, acorrenta-se com as próprias mãos. Praticando a lei do bem, dominando as paixões brutais, alivia-se e aproxima-se cada vez mais dos mundos felizes.

Encarada sob esses aspectos, a vida moral impõe-se como uma obrigação rigorosa a todos aqueles que têm algum cuidado com seus destinos; donde a necessidade de uma higiene da alma, que se aplique a todos os nossos atos, mantendo nossas forças espirituais em estado de equilíbrio e de harmonia.

Com a filosofia dos espíritos, esse ponto de vista muda, a perspectiva se alarga.[23]

O conhecimento do verdadeiro objetivo da vida é incalculável serviço ao alcance de nossa evolução e melhoria; uma vez que sabemos onde pretendemos chegar, nossos passos tornam-se mais firmes e todos os nossos movimentos são acelerados em direção ao nosso objetivo ideal.

Acima de tudo, guarda o teu coração, porque dele brota a vida.

(Pr. 4:23)

3. LIMPEZA E CASTIDADE

Benjamin Franklin, uma das maiores inteligências do mundo e um pilar de orgulho do patrimônio nacional da América, começou sua vida adulta com um objetivo muito ambicioso. Ele queria atingir a perfeição moral. A maioria das pessoas pensa, a um nível de consciência, apenas na sua família, seus amigos, e seus trabalhos. Quando se trata de conquista, eles pensam em dinheiro ou fama, ou até mesmo na felicidade. Mas para Franklin, a moralidade era uma maneira de se comportar que resultaria em uma vida equilibrada, composta das melhores experiências humanas possíveis.

---

23 *Depois da Morte* por Leon Denis, Cap. 42.

A finalidade da lista de virtudes de Franklin era separar o certo do errado, delineando limites em torno das atividades diárias, a fim de que as pessoas pudessem evitar linhas de raciocínio deletérias.

Em sua autobiografia Franklin notou como é difícil um processo para firmar um rigoroso código para um estilo de vida virtuoso; cada vez que ele identificava um de seus defeitos, outro se revelava. De sua própria experiência, Franklin nos deixou uma lição importante quando disse: "hábitos prejudiciais devem ser quebrados, e os bons devem ser adquiridos e estabelecidos para que possamos ter qualquer segurança em uma retidão de conduta firme e uniforme." Sua autobiografia prova que, com determinação e dedicação, alcançar a perfeição moral está ao alcance de qualquer pessoa; só temos que começar a trabalhar nas nossas mudanças pessoais.

Duas das treze virtudes apresentadas por Benjamin Franklin, limpeza e castidade, são recursos importantes no nosso estudo da pureza de coração, mas em termos de alcançar a perfeição moral devemos nos esforçar para alcançar todas elas.

Vamos analisar cada uma separadamente:

Limpeza: Não tolere sujeira no corpo, roupa ou habitação.

Nós sabemos que a forma como nos sentirmos como espíritos, refletirá no cuidado que temos com o nosso corpo físico e com o ambiente à nossa volta. Há uma conexão natural entre a ordem de nosso ambiente e o estado de nossa mente, isto é, o progresso do nosso espírito. A desordem vai nos oprimir e nos estressar. Um ambiente limpo e bem organizado vai levantar nossos espíritos.

Jesus disse uma vez: Não é o que entra na boca que torna o homem impuro, mas o que sai da boca isso é que torna o homem impuro. Ao contrário, as coisas que saem da boca vêm do coração e isso é que torna o homem impuro. Porque do coração procedem os maus pensamentos, crimes, adultério, prostituição, furtos, falsos testemunhos, e calúnias. (Mateus. 15:11, 18-19).

Destes ensinamentos, aprendemos que a limpeza verdadeira começa por dentro, quando nos comprometemos a renovar todos os traços de imperfeição existentes nos nossos corações.

Castidade: Nunca usar o sexo senão para fins de saúde ou procriação, nunca até a languidez, ou por fraqueza, ou para prejudicar a paz ou reputação de outrem ou de si mesmo.

De todas as virtudes, a castidade é provavelmente a menos popular nestes dias. Mas aqui não estamos nos referindo à castidade relacionada apenas ao celibato e à relação sexual. Podemos expandir o nosso entendimento desta virtude incluindo-a como meio de obtermos a pureza. O dicionário Merriam Webster define castidade como sendo também: pureza de conduta e intenção, e integridade pessoal.

É neste sentido que devemos nos manter castos como espíritos para alcançarmos a pureza de coração...

4. Os 3 principais passos no processo evolutivo – Arrependimento, expiação e reparação

No processo de renovação para se alcançar a pureza de coração é preciso percorrer estas 3 etapas: arrependimento, expiação e reparação.

Pureza de coração refere-se a pessoas que, como consequência da reparação, tenham verdadeiramente se arrependido reparado seus erros e assim não levam vidas de forma hipócrita. O verdadeiro discípulo do Cristo não se limita a melhorar apenas em certas situações, mas se esforça para ser puro em sua mente, diálogos e ações, em todos os momentos.

Quando é que vamos ser puros de coração? Quando identificamos as impurezas ainda presentes em nossos corações podemos começar o processo para removê-las. Precisamos analisar profundamente e sinceramente para identificar nossos pontos fracos e os erros que cometemos por causa deles. Só podemos manter e aumentar a pureza do coração através de diligente exame dos nossos corações e ações à luz das leis de Deus. À medida que aprendemos com os ensinamentos de Jesus, devemos aplicar nosso novo conhecimento para um exame minucioso dos nossos corações, para sermos mais capazes de renovar a nós mesmos. A catarse gerada pela nossa autoanálise nos levará ao arrependimento, à aceitação da expiação, à atividade para reparação e, consequentemente à renovação.

Allan Kardec em *O Céu e o Inferno* no Capítulo VII da primeira parte apresenta um texto denominado "O Código Penal da Vida Futura".

No item 10° ele demonstra que os processos de causa e efeito de nossas ações ocorrem em dois ambientes:

— espiritual, depois da morte e

— material, enquanto estamos vivendo na Terra.

Vejamos:

10° — O Espírito sofre, quer no mundo corporal, quer no espiritual, a consequência das suas imperfeições. As misérias, as vicissitudes padecidas na vida corpórea, são oriundas das nossas imperfeições, são expiações de faltas cometidas na presente ou em precedentes existências.

Pela natureza dos sofrimentos e vicissitudes da vida corpórea, pode julgar-se a natureza das faltas cometidas em anterior existência, e das imperfeições que as originaram.

Assim, deve-se aplicar o conceito abaixo (16o item de "O Código Penal da Vida Futura) à nossa decisão de auto recuperação, vejamos:

"O arrependimento, conquanto seja o primeiro passo para a regeneração, não basta por si só; são precisas a expiação e a reparação.

Arrependimento, expiação e reparação constituem, portanto, as três condições necessárias para apagar os traços de uma falta e suas consequências. O arrependimento suaviza os travos da expiação, abrindo pela esperança o caminho da reabilitação; só a reparação, contudo, pode anular o efeito destruindo-lhe a causa. Do contrário, o perdão seria uma graça, não uma anulação."

PRIMEIRA CONDIÇÃO PARA APAGAR OS TRAÇOS DE UMA FALTA – ARREPENDIMENTO

O arrependimento está relacionado à pureza de coração porque é um estado íntimo e sincero do coração ou da mente, que enxerga o erro cometido. A palavra "arrependimento" no Novo Testamento possui três significados:

a) uma mudança da mente (*metanoeo*).

b) uma mudança de coração (*metamelomai*), exemplo Mateus 21:29; Hebreus 7:21. Tal arrependimento, que é sincero, conduz a pessoa a um novo estágio: à metanoia;

c) transformação da vida de alguém (*metanoia*), exemplo Mateus 3:8; 9:3; Atos 20:21. O verdadeiro arrependimento é conhecido pela sua permanência e integridade.

A respeito do item "a", mudança da mente (*metanoeo*), observemos em Mateus 3:2 e Marcos 1:15:

1) "Arrependei-vos, porque é chegado o reino dos céus."

2) "O tempo está cumprido, e o reino de Deus está próximo. Arrependei-vos e crede no evangelho."

Há exemplos do conceito mencionado no item "b" (mudança de coração - metamelomai):

1) "28. Que vos parece? Um homem tinha dois filhos. Dirigindo-se ao primeiro, disse-lhe: – Meu filho, vai trabalhar hoje na vinha. 29. Respondeu ele: – Não quero. Mas, em seguida, tocado de *arrependimento*, foi."

2) 20. E isso não aconteceu sem juramento! Outros se tornaram sacerdotes sem qualquer juramento, 21. mas ele se tornou sacerdote

com juramento, quando Deus lhe disse: 'O Senhor jurou e **não se arrependerá**: 'Tu és sacerdote para sempre'".

22. Jesus tornou-se, por isso mesmo, a garantia de uma aliança superior.

Observemos a passagem abaixo, em Atos Cap. 20, versículo 21, como uma situação em que arrependimento está posto no sentido de *metanoia* (transformação da vida):

"(...) 17 De Mileto, Paulo mandou chamar os presbíteros da igreja de Éfeso.

18 Quando chegaram, ele lhes disse: Vocês sabem como vivi todo o tempo em que estive com vocês, desde o primeiro dia em que cheguei à província da Ásia.

19 Servi ao Senhor com toda a humildade e com lágrimas, sendo severamenteprovado pelas conspirações dos judeus.

20 Vocês sabem que não deixei de pregar-lhes nada que fosse proveitoso, mas ensinei-lhes tudo publicamente e de casa em casa.

21 Testifiquei, tanto a judeus como a gregos, que eles precisam converter-se a Deus com **arrependimento** e fé em nosso Senhor Jesus."

SEGUNDA CONDIÇÃO PARA APAGAR OS TRAÇOS DE UMA FALTA –EXPIAÇÃO

O processo do arrependimento nos levará à purificação. Mas não pode haver purificação a menos que estejamos dispostos aceitar a expiação quando inevitável e a corrigir os erros que cometemos. Isto representa o segundo estágio do nosso processo interno de evolução espiritual. Enfrentar as consequências dos nossos erros requer coragem, assim como admiti-los publicamente quando for necessário.

Expiação é o efeito dos erros em quem os cometeu; o contrachoque do mal que praticamos nesta e em outras migrações reencarnatórias. A expiação está subordinada à Lei da Justiça, da Justiça Perfeita, à Justiça Divina.

Sempre que nos encontrarmos sob condição expiatória, dolorosa, quer essa situação envolva sofrimentos materiais ou morais, façamos um intervalo para reflexão: esse sofrimento é merecido, não há Injustiça na ordem Universal.

Para aqueles que estudam a lei de reencarnação essa verdade brilha e se sobrepõe às dúvidas e vacilações.

TERCEIRA CONDIÇÃO PARA APAGAR OS TRAÇOS DE UMA FALTA –REPARAÇÃO

Mas no final, se formos capazes de seguir a inspiração dos nossos corações e também atender suas necessidades, alcançaremos o terceiro estágio, no qual nos acharemos completamente renovados no processo de regeneração, que é a reparação que consiste em, voltarmos ao ambiente do erro cometido no passado, reaproximamo-nos das pessoas prejudicadas com o coração movido por sentimentos nobres e reparamos os males e as consequências dos nossos erros, pela prática do bem e da devolução às vitimas do que lhes havíamos subtraído, quer se trate de bens materiais ou de bens espirituais,

É então que seremos capazes de olhar para nós mesmos isentos de vergonha ou remorso, porque teremos perseverança em seguirmos o caminho da regeneração, permitindo-nos sentir e dizer como fez o apóstolo Paulo: "Eu vivo, mas já não sou eu que vivo, pois é Cristo que vive em mim." (Gálatas 2:20)

Leitura Complementar

Recomendamos ao leitor a leitura do texto abaixo, sublinhando os trechos que mais o tocaram, e que mais sente precisam ser trabalhados em si mesmo.

Caracteres do homem de bem

918. Por que indícios se pode reconhecer em um homem o progresso real que lhe elevará o Espírito na hierarquia espírita?

"O espírito prova a sua elevação, quando todos os atos de sua vida corporal representam a prática da lei de Deus e quando antecipadamente compreende a vida espiritual."

Verdadeiramente, homem de bem é o que pratica a lei de justiça, amor e caridade, na sua maior pureza. Se interrogar a própria consciência sobre os atos que praticou, perguntará se não transgrediu essa lei, se não fez o mal, se fez todo o bem que podia, se ninguém tem motivos para dele se queixar, enfim se fez aos outros o que desejara que lhe fizessem.

Possuído do sentimento de caridade e de amor ao próximo, faz o bem pelo bem, sem contar com qualquer retribuição, e sacrifica seus interesses à justiça.

É bondoso, humanitário e benevolente para com todos, porque vê irmãos em todos os homens, sem distinção de raças, nem de crenças.

Se Deus lhe outorgou o poder e a riqueza, considera essas coisas como UM DEPÓSITO, de que lhe cumpre usar para o bem. Delas não se envaidece, por saber que Deus, que lhas deu, também lhas pode retirar.

Se sob a sua dependência a ordem social colocou outros homens, trata-os com bondade e complacência, porque são seus iguais perante Deus. Usa da sua autoridade para lhes levantar o moral e não para os esmagar com seu orgulho.

É indulgente para com as fraquezas alheias, porque sabe que também precisa da indulgência dos outros e se lembra destas palavras do Cristo: Atire a primeira pedra aquele que estiver sem pecado.

Não é vingativo. A exemplo de Jesus, perdoa as ofensas, para só se lembrar dos benefícios, pois não ignora que, como houver perdoado, assim perdoado lhe será.

Respeita, enfim, em seus semelhantes, todos os direitos que as leis da Natureza lhes concedem, como quer que os mesmos direitos lhe sejam respeitados.

8

PACIFICADORES
RESOLUÇÃO

OBJETIVO

Analisar a importância de ser um pacificador de acordo com as Bem-aventuranças ensinadas por Jesus no Sermão do Monte e correlacionar este ensinamento com uma das treze virtudes de Benjamin Franklin: Resolução. Resolver executar o que se deve; executar sem falhas o que tiver decidido.

1. PAZ E PACIFICADORES.

Em nossa linguagem comum a palavra "paz" é frequentemente associada com o significado de palavras como serenidade, quietude e tranquilidade. Entendemos também que esta palavra significa uma ausência de conflito, problemas, dissensão e guerra. Podemos também pensar na paz como aquele estado no qual as pessoas se entendem razoavelmente. No entanto, apesar desses significados serem apropriados para uso na era moderna, eles não se aproximam do significado bíblico da palavra "paz". Para compreendermos verdadeiramente a bem-aventurança "Bem-aventurados os pacificadores..." a partir da perspectiva bíblica, precisamos observar o significado da palavra "Shalom".

No hebraico "paz" não é meramente um estado negativo que significa apenas a ausência de problemas, mas significa tudo o que contribui para a elevação da pessoa. Por exemplo, quando um indivíduo diz para o outro, "Shalom", não quer desejar apenas a ausência de coisas más, mas sim, deseja ao outro a presença de todas as coisas boas. Na Bíblia, também, a paz não apenas significa a liberdade de todos os problemas, mas também alegria por tudo o que é bom.

Durante os serviços religiosos a troca mútua do desejo de "paz", significa que estamos dando e recebendo uma benção e uma oração, que tanto eles como nós podemos ter tudo que é bom e melhor. Que todos possamos compartilhar do "Shalom" de Deus, paz!

Esta caracterização começa a nos dar alguma percepção a respeito do porquê fazer a paz, assim como todas as outras características expressas nas bem-aventuranças, é um padrão tão elevado e difícil de alcançar. Paz é um termo muito mais abrangente do que parece à primeira vista. Porque significa, "tudo o que contribui para a elevação da pessoa", é ainda um termo mais específico para o amor, e amar, em qualquer circunstância, não é fácil.

2. BEM-AVENTURADOS OS PACIFICADORES, PORQUE SERÃO CHAMADOS FILHOS DE DEUS. (MATEUS 5:9)

Quando Jesus proclamou, "Bem-aventurados os pacificadores", ele estava afirmando que aqueles que vivem suas vidas intencionalmente fazendo o que podem para promover e fazer o maior bem para os outros, incluindo os indivíduos, famílias, nações e até mesmo o mundo, podem ser, com justiça, chamados de "filhos de Deus". Eles se referem a indivíduos que têm as qualidades de Deus. Jesus disse que um pacificador é chamado "filho de Deus", pela simples razão de que a paz é um aspecto fundamental da natureza de Deus, e assim, segue-se que os pacificadores estão fazendo as coisas que refletem a natureza de Deus.

O conceito de Jesus de pacificação gira em torno da ideia de estar em paz, primeiro com Deus, e depois com nossos irmãos e irmãs. O apóstolo Paulo escreveu em Romanos 12:18 que, "Se for possível, quanto estiver em vós, tende paz com todos os homens." Sabemos muito bem, considerando a natureza volátil da personalidade humana, como às vezes é difícil a consecução deste objetivo.

Não é de admirar, então, que tantos ficaram desapontados com os ensinamentos de Jesus. Sua mensagem, "Bem-aventurados os pacificadores", deve ter soado estranhamente para as pessoas que estavam ali reunidas para ouvi-lo. Aqueles, ouvindo Jesus naquele dia, eram judeus desejando livrarem-se do domínio de Roma. Muitos deles queriam ver Roma derrotada e expulsa de seu país. A maioria acreditava que a única maneira para haver paz em Israel seria através da hostilidade.

Mas será que realmente acreditamos que Jesus não estava ciente das injustiças sociais e políticas de seu tempo? Poderia ele ter sido tão cego? Por exemplo, que não teria notado a opressão do Império Romano sobre os judeus? Quando os fariseus desafiaram Jesus com uma pergunta sobre a justiça dos impostos para Tibério César, ele transformou isso em um preceito dirigido ao coração de cada um de nós: "Dai, pois, a César o que é de César e a Deus o que é de Deus." (Mateus 22:15-21). Jesus sempre nos chamou para a paz.

No entanto, a triste realidade é que nossa sociedade ainda é repleta de conflitos e violência de todo tipo. Mas este não é um fato recente, pois sempre foi assim. Em 1968, um grande jornal relatou que houve 14.553 guerras conhecidas de 39 a.C. até a data de hoje. Desde 1945, houve mais de 70 guerras e mais de 200 surtos significativos de violência. De 1958 até o presente, mais de 100 nações têm estado envolvidas, de uma forma ou de outra, em conflitos armados de algum tipo. Numerosos países combatem por problemas políticos e econômicos. Certos grupos raciais e étnicos têm preconceitos contra outros. Em suma, grande parte do mundo parece residir em uma panela fervente prestes a derramar o seu conteúdo para os lados e provocar um incêndio. Sempre houve conflitos. Muitos acreditam que sempre haverá. Um escritor de nome Frederick Jezegou uma vez escreveu: "A paz é aquele breve e glorioso momento na história quando todos estão recarregando suas armas."[24]

Sobre a história registrada nos últimos quatro mil anos, apenas cerca de 300 deles passaram sem uma grande guerra. Paz, embora seja a coisa mais desejada por todos, é também a meta mais difícil de se obter; isto assim acontece provavelmente porque o ato de fazer a paz é, em si, uma das atividades menos naturais com que a raça humana tem se comprometido.

Se todos anseiam pela paz, qual é a razão de tanta discórdia, de tanta tensão, amargura, conflito, violência, derramamento de sangue, e guerra em nossas nações e em todo o nosso mundo? Porque a paz é uma das palavras mais significativas em nosso vocabulário, mas é umas das palavras mais evasivas na experiência humana? A resposta é esta – o coração humano; o coração humano é o coração do problema!

Em 1948, Albert Einstein observou, em uma palestra sobre a ameaça da guerra nuclear, que, "Isto não é um problema físico, mas uma questão ética. O que nos aterroriza não é a força da bomba atômica, mas o poder da maldade do coração humano – seu poder explosivo para o mal!"

O fato é que nós lutamos constantemente com a turbulência ao nosso redor e, ao mesmo tempo, temos nossos próprios conflitos para resolver, mas o ensinamento de Jesus, "Bem-aventurados os pacificadores, porque serão chamados filhos de Deus", torna-se um grande motivador para sermos resolutos e para trabalharmos em nossa transformação moral. Santo Agostinho disse uma vez que apenas seguindo os ensinamentos que Jesus nos concedeu no Sermão do Monte, iríamos encontrar a felicidade.

---

24 http://www.bereanbiblechurch.org

Nunca houve uma boa guerra ou uma paz ruim.
BENJAMIN FRANKLIN

3. RESOLUÇÃO

Uma das treze virtudes apresentadas por Benjamin Franklin, a resolução, torna-se um recurso fundamental na nossa busca para encontrar a paz e para nos tornarmos pacificadores. Ela diz: Resolver executar o que se deve; executar sem falhas o que tiver decidido.

A pacificação é mais complexa do que parece à primeira vista porque está intimamente ligada com a maneira como vivemos nossas vidas; ela irá chamar constantemente à determinação, vigilância e autocontrole. Este processo de pacificação produz uma paz tanto passiva, como ativa: passivamente, porque não somos uma causa de ruptura, de desavença; e ativamente, porque através de nossas boas resoluções, nós criamos paz chamando os outros a seguirem o nosso exemplo quando eles buscam a tranquilidade e o prazer que percebem que nós alcançamos como resultado.

Embora a natureza humana seja propensa à violação da paz – "por que é mister que venham escândalos" (Mateus 18:7), é nosso dever resolver e garantir que nossa conduta não seja causa de queixa contra nós. Isto é primeiro para a nossa própria paz que devemos fazê-lo, pois é impossível ser feliz e estar ao mesmo tempo envolvido em discussões e guerras. Discussão produz desunião. Portanto, é urgente que sejamos diligentes em nos guardar contra a intolerância, o fanatismo, o julgamento, a impaciência e um espírito conflituoso.

A paz só pode ser alcançada quando as partes envolvidas resolverem os problemas e tornarem-se amigas. Conflitos não podem ser resolvidos a menos que as questões fundamentais sejam tratadas abertamente e honestamente. Por exemplo, quando duas pessoas estão em guerra entre elas, não devem ser separadas de modo que fiquem impedidas de se verem. Pelo contrário, a causa de seus conflitos precisa ser resolvida para que possam unir-se no amor.

Resolver executar o que se deve; executar sem falhas o que tiver decidido.

Indivíduos podem procurar a paz no mundo todo, indo de conselheiros em conselheiros, reunindo-se em conferências, escrevendo tratados, mudando de uma religião para outra – mas eles nunca a encontrarão fora das Leis Divinas que regem a humanidade. O mundo muito raramente honra um pacificador que ajuda a evitar uma guerra. A sociedade de hoje considera heróis aqueles que lideram manifestações públicas, promovendo seus direitos e causando controvérsias. Estamos constantemente motivados a conseguir tudo o que podemos para nós mesmos e não cedendo nada para ninguém. Este tipo de pensamento causa disputa. Não é de se admirar que o mundo luta contra a paz e relega ao esquecimento o ensinamento precioso: Bem-aventurados os pacificadores, porque serão chamados filhos de Deus.

Mas, apesar de tudo isso, um verdadeiro pacificador usa de sua boa resolução para se tornar uma força para uma mudança positiva.

Como Mahatma Gandhi disse uma vez:

Devemos nos tornar a mudança que queremos ver no mundo.

4. VIOLAR A PAZ, FINGIR A PAZ E FAZER A PAZ

Existem três tipos de pessoas:
1. Os que violam a paz
2. Os que fingem a paz
3. Os que fazem a paz

1. OS QUE VIOLAM A PAZ

As pessoas que violam a paz são aquelas que fazem de tudo para quebrar os relacionamentos, causando problemas e divisão. São aquelas que deliberadamente gostam de confrontar os outros – elas têm de discordar de tudo. Mas sua motivação é egoísta; elas são manipuladoras e egocêntricas. Uma pessoa pode ser assim sem mesmo perceber. Elas violam a paz sem perceberem o que fazem – elas se sentem justificadas em si mesmas.

2. OS QUE FINGEM A PAZ

Ao nos referir a esta bem-aventurança, bem-aventurados os pacificadores... um problema comum que ocorre é que nós não a compreendemos. Nós pensamos que pacificar é fazer as coisas parecerem bem, encobrindo as rachaduras, escondendo a ferrugem e a podridão, pretendendo fazer tudo parecer bem, quando não está! Isto é o que chamamos "fingir a paz". As pessoas que fingem a paz são aquelas que preferem a "paz" sobre a verdade. Elas veem a "paz" simplesmente como a ausência de qualquer tipo de argumento ou discórdia. Elas farão qualquer coisa para evitar qualquer conflito ou confronto.

Assim, contentam-se com uma paz falsa que se baseia em evitar os problemas reais.

Por exemplo, você pode ter um grande amigo que está tomando um caminho ruim na vida, e quer sacudi-lo para fazê-lo refletir melhor, mas toda vez que você aborda o assunto acaba causando uma discordância e então você decide que prefere ficar "em paz" com esse amigo. Assim, depois de um tempo você deixa isso de lado. Você evita o assunto, e passa a falar exclusivamente de assuntos que ambos concordam. Mas quando fazemos isso podemos ver a vida do nosso amigo ir pelo ralo. Então, em vez de recuar e dizer: "Desculpe, eu nunca mais vou falar disso", deveríamos dizer: "Não me importo se você vai ficar com raiva de mim. Eu vou insistir com você porque estou preocupado com seu futuro, meu amigo."

3. OS QUE FAZEM A PAZ

Os pacificadores estão preparados para colocar o bem-estar de outros acima de sua própria necessidade. Eles lidam com os problemas reais e não os evitam. E por causa disso, a pacificação deve ser feita com toda a sabedoria e graça, que apenas um coração honesto pode oferecer, independentemente de ser em casa, ou no templo religioso, nos negócios ou mesmo no clube de futebol.

Fazer a paz não é fácil, mas isso é mais uma razão porque não devemos desistir dela.

Pacificadores constroem pontes entre as pessoas.

Pacificadores são motivados pelo amor – o amor real. Se houver qualquer outra motivação por trás do que se está fazendo, então não se está atuando como um pacificador.

Uma maneira de nos ajudar a ser mais dedicados em fazer a paz seria nos lembrar, refletir e aplicar em nossas vidas a prece de São Francisco de Assis:

"Senhor! Faze de mim um instrumento da tua paz!

Onde houver ódio, que eu leve o amor.

Onde houver ofensa, que eu leve o perdão.

Onde houver discórdia, que eu leve a união.

Onde houver dúvidas, que eu leve a fé.

Onde houver erros, que eu leve a verdade.

Onde houver desespero, que eu leve a esperança.

Onde houver tristeza, que leve a alegria.

Onde houver trevas, que eu leve a luz!

Ó Mestre! Faze que eu procure mais consolar, que ser consolado.

Compreender, que ser compreendido.

Amar, que ser amado.

Pois é dando que se recebe.

É perdoando que se é perdoado.

E é morrendo que se vive para a Vida Eterna."

5. "NÃO PENSEM QUE VIM TRAZER A PAZ À TERRA. EU NÃO VIM TRAZER A PAZ, MAS ESPADA". (MATEUS 10:34)

Vim lançar o fogo sobre a Terra; e que desejo senão que ele se acenda?

Eu devo ser batizado com um batismo; e como me angustio até que venha a cumprir-se!

Credes vós que vim trazer paz à terra? Não, eu vos asseguro, mas, ao contrário, a divisão;

Porque daqui em diante estarão cinco divididos numa casa: três contra dois, e dois contra três. O pai estará dividido contra o filho, e o filho contra o pai; a mãe contra a filha, e a filha contra a mãe; a sogra contra sua nora, e a nora contra sua sogra. (Lucas 12:49-53)

Quando Jesus disse, "Não penseis que vim trazer a paz, mas a divisão", seu pensamento era o seguinte:

Não creiais que a minha doutrina se estabeleça pacificamente; ela trará lutas sangrentas, tendo por pretexto o meu nome, porque os homens não me terão compreendido, ou não me terão querido compreender. Os irmãos, separados pelas suas respectivas crenças, desembainharão a espada um contra o outro e a divisão reinará no seio de uma mesma família, cujos membros não partilhem da mesma crença. Vim lançar fogo à Terra para expungi-la dos erros e dos preconceitos, do mesmo modo que se põe fogo a um campo para destruir nele as ervas más, e tenho pressa de que o fogo se acenda para que a depuração seja mais rápida, visto que do conflito sairá triunfante a verdade. À guerra sucederá a paz; ao ódio dos partidos, a fraternidade universal; às trevas do fanatismo, a luz da fé esclarecida.

Então, quando o campo estiver preparado, eu vos enviarei o Consolador, o Espírito de Verdade, que virá restabelecer todas as coisas, isto é, que, dando a conhecer o sentido verdadeiro das minhas palavras, que os homens mais esclarecidos poderão enfim compreender, porá termo à luta fratricida que desune os filhos do mesmo Deus. Cansados, afinal, de um combate sem resultado, que consigo traz unicamente a desolação e a perturbação até ao seio das famílias, reconhecerão os homens onde estão seus verdadeiros interesses, com relação a este mundo e ao outro. Verão de que lado estão os amigos e os inimigos da tranquilidade deles. Todos então se porão sob a mesma bandeira: a da caridade, e as coisas serão restabelecidas na Terra, de acordo com a verdade e os princípios que vos tenho ensinado.[25]

Precisamos amar a paz e trabalhar por ela. Precisamos orar por nossos inimigos, fazer o bem por eles, aceitá-los, abraçá-los e superar as barreiras que nos separam. Mas não devemos nunca abandonar nossa lealdade à verdade, sem nos importar com a animosidade que isso possa nos trazer.

O que há de essencial no Sermão do Monte e está claro, é que todo indivíduo capaz de entender os ensinamentos de Jesus deve tornar-se uma nova pessoa para alcançar a evolução espiritual. É preciso ter um novo coração. Porque sem um coração misericordioso, puro e pacífico não se pode ser chamado filho de Deus.

Quando me desespero, eu me lembro que por toda a história o caminho da verdade e do amor sempre venceu; tem havido tiranos e assassinos, e por um tempo eles parecem ser invencíveis, mas no final eles sempre caem.

GANDHI

LEITURA COMPLEMENTAR

Recomendamos ao leitor a leitura do texto abaixo, sublinhando os trechos que mais o tocaram, e que mais sente precisam ser trabalhados em si mesmo.

---

25 *ESE* – Cap. 23 – Item 16.

Pacificação (Capítulo XXI)

Bem-aventurados os pacificadores,
porque eles serão chamados filhos de Deus. (Mateus, 5: 9)

Mas que queria Jesus dizer por estas palavras: "Bem-aventurados os que são brandos porque possuirão a Terra", tendo recomendado aos homens que renunciassem aos bens deste mundo e havendo-lhes prometido os do Céu? (ESE, Cap. 9, item 5).

Escutaste interrogações condenatórias, em torno do amigo ausente

...e informaste algo, com discrição e bondade, salientando a parte boa que o distingue e, sem colocar o assunto no prato da intriga, edificaste em silêncio a harmonia possível.

Surpreendeste pequeninos deveres a cumprir, na esfera de obrigações que te não competem...

...e sem qualquer impulso de reprimenda, atendeste a semelhantes tarefas, por ti mesmo, na certeza de que todos temos distrações lamentáveis.

Anotaste a falta do companheiro...

...e esqueceste toda preocupação de censura, diligenciando substituí-lo em serviço, sem alardear superioridade.

Assinalaste o erro do vizinho...

...e foges de divulgar-lhe a infelicidade e dispõe-te a auxiliá-lo no momento preciso, sem exibição de virtude.

Recebeste queixas amargas a te ferirem injustamente...

...e sabes ouvi-las com paciência, abstendo-te de impelir os irmãos do caminho às teias da sombra, trabalhando sinceramente por desfazê-las.

Caluniaram-te abertamente, incendiando-te a vida...

...e toleras serenamente todos os golpes, sem animosidade ou revide e, respondendo com mais ampla abnegação, no exercício das boas obras, dissipas a conceituação infeliz dos teus detratores.

Descobriste a existência de companheiros iludidos ou obsedados que se fazem motivos de perturbação ou de escândalo, no plantio do bem ou na seara da luz. Decerto, não lhes aplaude a inconsciência, mas não lhes agravas o desequilíbrio, através do sarcasmo, e ora por eles, amparando-lhes o reajuste, pelo pensamento renovador.

Se assim procedes, classificas-te, em verdade, entre os pacificadores abençoados pelo Divino Mestre, compreendendo, afinal, que a criatura humana, isoladamente, não consegue garantir a paz do mundo, mas cada um de nós pode e deve manter a paz dentro de si.

EMMANUEL

(Mensagem recebida pelo médium Francisco Cândido Xavier – do Livro da Esperança, item 21)

9

BEM-AVENTURADOS OS QUE SÃO PERSEGUIDOS
JUSTIÇA

OBJETIVO

Analisar a importância de ser um seguidor sincero da verdade e da justiça de acordo com as Bem-aventuranças ensinadas por Jesus no Sermão do Monte e correlacionar este ensinamento com uma das treze virtudes de Benjamin Franklin: Justiça. Não faça nada de errado, tampouco omita fazer os benefícios que são o seu dever.

1. BEM-AVENTURADOS SOIS VÓS, QUANDO VOS INJURIAREM (MATEUS 5:11)

"Bem-aventurados sois vós, quando vos injuriarem e perseguirem, mentindo, disserem todo mal contra vós por minha causa. Alegrai-vos e exultai, porque é grande o vosso galardão nos céus; porque assim perseguiram aos profetas que foram antes de vós."

Definição de Perseguição: Em Mateus 5:10, a raiz grega da frase, "que têm sido perseguidos" é *dediōgmenoi* que literalmente significa "pôr-se em fuga ou perseguir". A palavra "perseguir" significa ir em busca com intenções hostis, assim, ser perseguido é ser ridicularizado, denunciado, maltratado, ameaçado de morte ou agredido. No Novo

Testamento ela é usada no sentido de infligir dor e sofrimento a pessoas que têm crenças diferentes.

Nobres sentimentos muitas vezes não são plenamente expressos no mundo de hoje; isto porque as pessoas temem ser mal interpretadas ou mal avaliadas, em relação aos valores sociais predominantes. Um sentimento nobre pode ser percebido como um sinal de fraqueza, em vez de força. Pode até ser olhado com desdém, às vezes pode até ser interpretado como um distúrbio mental ou de personalidade.

Esta é a razão pela qual aqueles que tentam levar uma vida nobre e justa sempre enfrentam críticas duras e perseguição. Se seguirem crenças que os ensinem a viver uma vida moral, as pessoas vão zombar deles, rir deles e até mesmo persegui-los. As pessoas irão se irritar com eles pelo simples fato de serem diferentes e acharem irritantes a sua adesão aos princípios morais. Essas pessoas que não compartilham seus zelos morais não vão entender as razões por trás das ações realizadas por eles e tudo o que fazem vai parecer inútil e até mesmo tolo. Haverá momentos em que as pessoas vão ficar bravas com eles sem razão alguma. Eles vão odiá-las por causa de seu amor e respeito por Deus. Seguidores da verdade muito raramente conseguirão agradar as pessoas na Terra. No entanto, é imperativo ter a coragem de romper com os valores dominantes da sociedade que promovem o pessimismo, a malícia e a agressividade entre os seres humanos.

Para meditarmos sobre como devemos nos comportar diante de insultos, perseguição e calúnia, vamos nos referir a um dos ensinamentos de Jesus: Ouvistes que foi dito: *Olho por olho, e dente por dente. Eu, porém, vos digo que não resistais ao mal; mas a qualquer que te bater na face direita, oferece-lhe também a outra.* (Mateus 5:38-42)

Os preconceitos do mundo sobre o que se convencionou chamar "ponto de honra" produzem essa suscetibilidade sombria, nascida do orgulho e da exaltação da personalidade, que leva o homem a retribuir uma injúria com outra injúria, uma ofensa com outra, o que é tido como justiça por aquele cujo senso moral não se acha acima do nível das paixões terrenas. Por isso é que a lei moisaica prescrevia: olho por olho, dente por dente, de harmonia com a época em que Moisés vivia. Veio o Cristo e disse: Retribuí o mal com o bem. E disse ainda: "Não resistais ao mal que vos queiram fazer; se alguém vos bater numa face, apresentai-lhe a outra." (ESE Cap. 12, item 8)

Muitas vezes podemos nos sentir impelidos a responder as ofensas com vingança, mas a vingança é uma indicação segura do atraso daqueles que a ela se entregam. Então, devemos erradicar este sentimento de nossos corações.

Quando seu ódio não chega a tais extremos, ataca-o então na honra e nas afeições; não recua diante da calúnia, e suas pérfidas insinuações, habilmente espalhadas a todos os ventos, se vão avolumando pelo caminho.

Em consequência, quando o perseguido se apresenta nos lugares por onde passou o sopro do perseguidor, espanta-se de dar com semblantes frios, em vez de fisionomias amigas e benevolentes que outrora o acolhiam. Fica estupefato quando mãos que se lhe estendiam, agora se recusam a apertar as suas. Enfim, sente-se aniquilado, ao verificar que os seus mais caros amigos e parentes se afastam e o evitam. (Jules Olivier – Paris, 1862" *ESE*, Cap. 12, item 9)

Quando alguém é agressivo e rude conosco, fazendo declarações a respeito de nosso caráter e fé, nossa primeira reação poderá ser a de se engajar no confronto, tomar uma atitude defensiva, e responder às acusações. Mas se pararmos por um minuto, poderemos chegar à conclusão de que muitas vezes as pessoas se envolvem nestes ataques pessoais, porque, de alguma forma, estão se sentindo extremamente magoadas e expressam sua dor, atacando-nos. Vamos aprender a ser pacientes com eles, permitindo-lhes desabafar e ser solidários com suas dores. Esta é outra maneira de praticar a caridade.

Podemos encontrar um ensinamento precioso, completamente de acordo com os ensinamentos de Jesus, sobre a arte de interagir com outras pessoas: "Sinto-me entristecido quando alguém é ofensivo comigo, mas eu iria, com certeza, sentir-me pior se eu fosse o agressor. É terrível ser ofensivo a alguém."

Ao orgulhoso este ensino ("se alguém vos bater numa face, apresentai-lhe a outra") parecerá uma covardia, porquanto ele não compreende que haja mais coragem em suportar um insulto do que em tomar uma vingança, e não compreende, porque sua visão não pode ultrapassar o presente.

"Se alguém vos bater numa face, apresentai-lhe a outra". (...) Enunciando, pois, aquela máxima, não pretendeu Jesus interdizer toda defesa, mas condenar a vingança. Dizendo que apresentemos a outra face àquele que nos haja batido numa, disse, sob outra forma, que não se deve pagar o mal com o mal; que o homem deve aceitar com humildade tudo o que seja de molde a lhe abater o orgulho; que maior glória lhe advém de ser ofendido do que de ofender, de suportar pacientemente uma injustiça do que de praticar alguma; que mais vale ser enganado do que enganador, arruinado do que arruinar os outros.

(...) Somente a fé na vida futura e na justiça de Deus, que jamais deixa impune o mal, pode dar ao homem forças para suportar com paciência os golpes que lhe sejam desferidos nos interesses e no amor-próprio. Daí vem o repetirmos incessantemente: Lançai para diante o olhar; quanto mais vos elevardes pelo pensamento, acima da vida material, tanto menos vos magoarão as coisas da Terra (*ESE* Cap. 12, item 8).

Lembremo-nos o preceito: "amar uns aos outros", e quando recebermos o golpe dado com ódio, respondamos com um sorriso, retribuindo a ofensa com o perdão

> *Quando alguém levá-lo à irritabilidade, tome um copo de água, beba um pouco e conserve o resto na sua boca. Não engula ou cuspa fora. Enquanto a tentação de responder persistir, mantenha a água na boca... esta é a água da Paz."*

(Conselho que o espírito Maria João de Deus deu a seu filho Francisco Cândido Xavier.)

2. ESCRITOS DE BENJAMIN FRANKLIN: A PARÁBOLA CONTRA A PERSEGUIÇÃO[26]

Entre as muitas coisas realizadas por Benjamin Franklin durante sua vida, há uma que muitas pessoas não sabem, ele escreveu uma parábola para ilustrar uma bela moral, utilizando uma imitação notável da linguagem bíblica.

Sucedeu que, depois destas coisas, Abraão sentou-se na porta de sua tenda, aproximadamente ao pôr do Sol. E eis que um homem bastante idoso veio do caminho do deserto, apoiado em uma bengala.

Abraão levantou-se, foi ao seu encontro e disse-lhe: Vem cá, peço-te, lava os teus pés, passa aqui a noite, ao acordar cedo amanhã, segue teu caminho. E o homem disse: Não, eu permanecerei sob esta árvore.

Mas Abraão insistiu, então ele se virou, entraram na tenda, Abraão cozinhou pão ázimo e eles comeram.

Quando Abraão viu que o homem não louvou a Deus, disse-lhe: pois, não fazes tu a adoração do Deus Altíssimo, Criador do Céu e da Terra?

E o homem respondeu: eu não adoro o Deus de que falas, nem invoco o seu nome, pois eu fiz a mim mesmo um Deus, que permanece sempre na minha casa, que me dá todas as Coisas.

Abraão com zelo se irritou contra o homem e se levantou caindo sobre ele e o tirou para fora à mercê do deserto. À meia-noite Deus chamou a Abraão, dizendo: Abraão, onde está o Estranho? Abraão respondeu e disse: Senhor, ele não queria adorar-te, e nem invocar o teu nome; por isso eu o expulsei de minha frente para o deserto.

---

26 Esta parábola foi impressa no Boston Chronicle, 1768, e seis anos depois no Sketches of the History of Man de Lorde Kame. Ela foi então incluída na edição de Mr. Vaughan sobre os escritos de Franklin. De tempos em tempos ela é impressa novamente.

Deus então disse: Eu não o sustentei esses cento e noventa e oito anos, e o alimentei o vesti apesar de sua rebelião contra mim, não poderias tu, que és o um pecador, ter com ele uma noite?

Respondeu Abraão: Não deixe a raiva de meu Senhor atirar cera quente contra o seu Servo. Eis que eu pequei, perdoa-me, peço-Te:

Abraão levantou-se e saiu para o deserto, procurou diligentemente pelo Homem, encontrou-o, voltou com ele para a sua tenda e o tratou gentilmente, despedindo-se dele no dia seguinte com presentes.

Então Deus falou novamente a Abraão, dizendo: Por causa de teu pecado a tua descendência será afligida por quatrocentos anos numa terra estranha

Mas pelo teu arrependimento vou liberá-los, eles virão com o Poder, com alegria de coração e com muita substância.

3. JUSTIÇA

Justiça. Não faça nada errado, tampouco omita fazer os benefícios que são o seu dever. Este preceito é parte do conjunto das treze virtudes de Benjamin Franklin e convida-nos a abstermo-nos de ser a causa de injúrias a outros.

Encontramos, em O Livro dos Espíritos, Parte 3, capítulo XI, questões propostas por Allan Kardec para os Espíritos, cujas respostas nos iluminam sobre a lei da justiça.

O sentimento da justiça está na natureza, ou é resultado de ideias adquiridas?

"Está de tal modo em a natureza, que vos revoltais à simples ideia de uma injustiça. É fora de dúvida que o progresso moral desenvolve esse sentimento, mas não o dá. Deus o pôs no coração do homem. (...)"

Sendo a justiça uma lei da Natureza, como se explica que os homens a entendam de modos tão diferentes, considerando uns justo o que a outros parece injusto?

"É porque a esse sentimento se misturam paixões que o alteram, como sucede à maior parte dos outros sentimentos naturais, fazendo que os homens vejam as coisas por um prisma falso."

875. *Como se pode definir a justiça?*

"A justiça consiste em cada um respeitar os direitos dos demais."
a) *"Que é o que determina esses direitos?*

"Duas coisas: a lei humana e a lei natural. Tendo os homens formulado leis apropriadas a seus costumes e caracteres, elas estabeleceram direitos mutáveis com o progresso das luzes. Vede se hoje as vossas leis, aliás imperfeitas, consagram os mesmos direitos que as da Idade Média.

Entretanto, esses direitos antiquados, que agora se vos afiguram monstruosos, pareciam justos e naturais naquela época. Nem sempre, pois, é acorde com a justiça o direito que os homens prescrevem. Demais, este direito regula apenas algumas relações sociais, quando é certo que, na vida particular, há uma imensidade de atos unicamente da alçada do tribunal da consciência."

876. *Posto de parte o direito que a lei humana consagra, qual a base da justiça, segundo a lei natural?*

"Disse o Cristo: Queira cada um para os outros o que quereria para si mesmo. No coração do homem imprimiu Deus a regra da verdadeira justiça, fazendo que cada um deseje ver respeitados os seus direitos. Na incerteza de como deva proceder com o seu semelhante, em dada circunstância, trate o homem de saber como quereria que com ele procedessem, em circunstância idêntica. Guia mais seguro do que a própria consciência não lhe podia Deus haver dado."

879. *Qual seria o caráter do homem que praticasse a justiça em toda a sua pureza?*

"O do verdadeiro justo, a exemplo de Jesus, porquanto praticaria também o amor do próximo e a caridade, sem os quais não há verdadeira justiça."

Aquele que não tem razão para me criticar não merece nenhuma resposta, e quem o tem, está dizendo a verdade e somos impotentes para ir contra a verdade. Isto é o que Emmanuel tem me ensinado. Por esta razão, durante a minha vida inteira eu tentei escutar em silêncio as verdades e mentiras que foram ditas sobre mim.

FRANCISCO CÂNDIDO XAVIER

LEITURA COMPLEMENTAR

Recomendamos ao leitor a leitura do texto abaixo, sublinhando os trechos que mais o tocaram, e que mais sente precisam ser trabalhados em si mesmo.

CURA DO ÓDIO

Portanto, se o teu inimigo tiver fome, dá-lhe de comer; se tiver sede, dá-lhe de beber; porque, fazendo isto, amontoarás brasas de fogo sobre a sua cabeça. Paulo (Romanos, 12:20.)

O homem, geralmente, quando decidido ao serviço do bem, encontra fileiras de adversários gratuitos por onde passe, qual ocorre à claridade invariavelmente assediada pelo antagonismo das sombras.

Às vezes, porém, seja por equívocos do passado ou por incompreensões do presente, é defrontado por inimigos mais fortes que se transformam em constante ameaça à sua tranquilidade.

Contar com inimigo desse jaez é padecer dolorosa enfermidade no íntimo, quando a criatura ainda não se afeiçoou a experiências vivas no Evangelho.

Quase sempre, o aprendiz de boa vontade desenvolve o máximo das próprias forças a favor da reconciliação; no entanto, o mais amplo esforço parece baldado. A impenetrabilidade caracteriza o coração do outro e os melhores gestos de amor passam por ele despercebidos.

Contra essa situação, todavia, o Livro Divino oferece receita salutar. Não convém agravar atritos, desenvolver discussões e muito menos desfazer-se a criatura bem-intencionada em gestos bajulatórios. Espere-se pela oportunidade de manifestar o bem.

Desde o minuto em que o ofendido esquece a dissensão e volta ao amor, o serviço de Jesus é reatado; entretanto, a visão do ofensor é mais tardia e, em muitas ocasiões, somente compreende a nova luz, quando essa se lhe converte em vantagem ao círculo pessoal.

Um discípulo sincero do Cristo liberta-se facilmente dos laços inferiores, mas o antagonista de ontem pode persistir muito tempo, no endurecimento do coração. Eis o motivo pelo qual dar-lhe todo o bem, no momento oportuno, é amontoar o fogo renovador sobre a sua cabeça, curando-lhe o ódio, cheio de expressões infernais.

(Emmanuel/Francisco C. Xavier – O Pão Nosso – item 166)

O PROBLEMA DE AGRADAR

Se estivesse ainda agradando aos homens, não seria servo do Cristo – Paulo. (Gálatas, 1:10.)

Os sinceros discípulos do Evangelho devem estar muito preo-cupados com os deveres próprios e com a aprovação isolada e tranquila da consciência, nos trabalhos que foram chamados a executar, cada dia, aprendendo a prescindir das opiniões desarrazoadas do mundo.

A multidão não saberá dispensar carinho e admiração senão àqueles que lhe satisfazem as exigências e caprichos; nos conflitos que lhe assinalam a marcha, o aprendiz fiel de Jesus será um trabalhador diferente que, em seus impulsos instintivos, ela não poderá compreender.

Muita inexperiência e invigilância revelará o mensageiro da Boa Nova que manifeste inquietude, com relação aos pareceres do mundo a seu respeito; quando se encontre na prosperidade material, em que o Mestre lhe confere mais rigorosa mordomia, muitos vizinhos lhe perguntarão, maliciosos, pela causa dos êxitos sucessivos em que se envolve, e, quando penetra o campo da pobreza e da dificuldade, o povo lhe atribui as experiências difíceis a supostas defecções ante as sublimes ideias esposadas.

É indispensável trabalhar para os homens, como quem sabe que a obra integral pertence a Jesus Cristo. O mundo compreenderá o esforço do servidor sincero, mas, em outra oportunidade, quando lho permita a ascensão evolutiva.

Em muitas ocasiões, os pareceres populares equivalem à gritaria das assembleias infantis, que não toleram os educadores mais altamente inspirados, nas linhas de ordem e elevação, trabalho e aproveitamento.

Que o sincero trabalhador do Cristo, portanto, saiba operar sem a preocupação com os juízos errôneos das criaturas. Jesus o conhece e isto basta.

(Emmanuel/Francisco C. Xavier – O Pão Nosso – item 47)

10

VÓS SOIS A LUZ DO MUNDO
DILIGÊNCIA

OBJETIVO

Entender as possibilidades que nos foram dadas e colocá-las em serviço, correlacionando este ensinamento do Sermão do Monte com uma das treze virtudes de Benjamin Franklin: Diligência. Não perca tempo, empregue sempre seu tempo em algo útil; corte todas as ações desnecessárias.

1. VÓS SOIS O SAL DA TERRA

"Vós sois o sal da terra; mas se o sal se tornar insípido, com que se há de restaurar-lhe o sabor? Para nada mais presta, senão para ser lançado fora, e ser pisado pelos homens." – Mateus 5:13

"Sal da terra" se tornou uma expressão comum, pelo menos na língua inglesa. Significa pessoas essencialmente boas. A origem é a Bíblia, a partir do Sermão do Monte, citado no Evangelho de Mateus. De acordo com o Dicionário Oxford, "o sal da terra" é geralmente usado para descrever "uma pessoa ou pessoas de grande bondade, confiabilidade ou honestidade". Assim, ele se refere a uma pessoa ou grupo considerado como a parte mais nobre da sociedade.

Nos tempos bíblicos, o sal era usado para diversas finalidades:

USO CERIMONIAL – O Sal desempenhou um papel importante nos sacrifícios e oferendas do Antigo Testamento.

TEMPERO – As pessoas usam sal para realçar o sabor dos alimentos. Ao comparar seus seguidores ao sal, Jesus indicou que eles deveriam dar sabor ou tempero à sociedade.

CONSERVANTE – Desde os tempos primitivos, o sal tem sido usado para conservar a carne e outros alimentos. Da mesma forma, Jesus ensinou aos seus seguidores a guiar outras pessoas para um caminho correto de vida, preservando-os dos fracassos.

DESINFETANTE – O sal tem sido muito utilizado como agente de limpeza. Partes do corpo infectado podem ser embebidas em água salgada para a desinfecção. Jesus estaria incitando seus seguidores a ajudar a limpar um mundo sem Deus, por meio de bons exemplos e de uma vida com Deus.

SEPULTAMENTO – O sal foi uma das especiarias que eram tradicionalmente utilizados para preparar um corpo para o sepultamento.

UNIDADE DE TROCA – Os romanos pagavam seus soldados em sal (chamado de *salarium*) - daí vem a palavra salário, e frases como "vale seu sal" e "fiel a seu sal". E se você é "uma mina de sal", você adiciona minério valioso ou algo semelhante para que potenciais compradores saibam que eles estão recebendo algo de valor.

DEGELO – Sal sempre foi útil para descongelar e derreter gelo. Em nossos dias, as pessoas espalham sal nas estradas para este fim. Servindo como o sal, e amando os outros, os seguidores de Jesus podem descongelar os corações das pessoas com sua bondade, tornando-os abertos à amizade, relacionamentos e à verdade de Deus.

Um comentarista dessa passagem menciona, por exemplo, que "O sal é refinado e, portanto, implica que devemos remover nossas impurezas. – Além disso, ele diz que o sal "Cria sede. Deve haver algo em nós que faz com que outras pessoas queiram o que temos. – Ele diz que o sal "Traz o sabor. Deve haver algo em nós que traz um significado maior na vida das pessoas e proporciona mais sabor às suas atividades."

Nos dias de Jesus, sal era um bem raro. Aristocratas gregos tinham o costume de comprar seus escravos pagando com sal. Se o escravo não satisfizesse as expectativas do comprador, dizia-se "que escravo não valia o seu sal." Daí a expressão, "Ele não vale o seu sal". Como sal, os seguidores dos ensinamentos de Jesus, são um precioso bem neste mundo.

Encontramos no livro Missionários da Luz (pelo espírito André Luiz; médium: Francisco Xavier, cap. 13, pág. 204, 36 edição-FEB), o mentor Alexandre explicando a André Luiz: No processo vulgar de alimentação, não podemos prescindir do sal; nosso mecanismo fisiológico, a rigor, se constitui de sessenta por cento de água salgada, cuja composição é quase idêntica à do mar, constante dos sais de sódio, de cálcio, de potássio. Encontra-se na esfera de atividade fisiológica do homem reencarnado, o sabor do sal no sangue, no suor, nas lágrimas, nas secreções. Os corpúsculos aclimatados nos mares mais quentes viveriam à vontade no líquido orgânico. Este trecho do livro Missionários da Luz nos ajuda a ampliar nossa compreensão do ensinamento de Jesus, Vós sois o sal da Terra, porque, de fato, nosso mais importante instrumento de evolução, o corpo humano, é composto basicamente de sal.

2. VÓS SOIS A LUZ DO MUNDO

"Vós sois a luz do mundo. Não se pode esconder uma cidade situada sobre um monte; nem os que acendem uma candeia a colocam debaixo do alqueire, mas no velador, e assim ilumina a todos que estão na casa. Assim resplandeça a vossa luz diante dos homens, para que vejam as vossas boas obras, e glorifiquem a vosso Pai, que está nos céus." – Mateus 5:14

Nos dias de Jesus, as lâmpadas eram simples e feitas de barro. Eles tinham um reservatório de azeite e um "bico", onde havia o pavio. Lâmpadas domésticas eram tão pequenas que poderiam ser colocadas na palma da mão. Quando estava bastante escuro para acender uma lâmpada, as pessoas colocavam-na alto o suficiente para iluminar tudo ao seu redor - em uma prateleira na parede de pedra de sua casa ou em um candelabro de madeira no centro da sala.

Há uma história simples de um homem que levou um grupo de pessoas em seu vagão, rapidamente e com segurança, através de uma estrada que passava por uma floresta escura. Quando ele foi questionado sobre como sabia onde todas as árvores estavam ao longo da estrada para que pudesse evitá-las enquanto dirigia nesta estrada estreita, respondeu que não sabia onde elas estavam; mas acrescentou: "Olhei para a abertura entre as copas das árvores e sabia que se seguisse a luz que vinha de cima eu estaria seguro."

E é assim que devemos interpretar o ensinamento de Jesus quando nos pede para deixar brilhar nossa luz diante dos homens. Nossa jornada espiritual e as realizações espirituais que possuímos podem servir como um guia para reduzir significativamente as dificuldades e as trevas que impedem os outros de encontrar seu caminho para Deus.

Deixar nossa luz brilhar não é mera abstração. Jesus fala da necessidade de realizar obras. Devemos engajarmo-nos em comportamentos concretos. Nossa luz brilha pela forma como vivemos, as escolhas que fazemos, as atitudes que assumimos. Nossa presença é evidente quando somos corteses e respeitosos com os outros, quando respeitamos a vida em geral, e quando abstemo-nos de comportamentos imprudentes e arriscados. Nossa luz brilha quando purificamos nossas almas, quando fazemos caridade e quando lutamos pela justiça. Nossa luz brilha quando amamos ao invés de odiar, quando buscamos a reconciliação, e oramos por nossos inimigos ao invés de buscar vingança. Nossa luz brilha quando somos corretos e quando falamos a verdade do amor, sem esperar retribuição.

Sua vida é algo opaco, não transparente, enquanto você olha para ela de uma forma comum. Mas se você olhá-la através da

luz da bondade de Deus, verá que ela é brilhante, radiante.
E então você se perguntará com espanto: É realmente a minha
própria vida que eu vejo diante de mim?

ALBERT SCHWEITZER

Muitas vezes, olhando nossas próprias limitações, paramos para pensar sobre esses ensinamentos particularmente e nos sentimos tão frágeis impotentes e pequenos, que se torna difícil acreditar que, um dia, seremos capazes de ter até mesmo um pouco de luz brilhando. Mas nós nunca deveríamos nos desesperar e nem perdermos a esperança. Na verdade, este mesmo pensamento já demonstra nosso crescimento espiritual, porque nos sentimos humildes e reconhecemos nossa necessidade de crescer. Nós não somos nem incapazes, nem poderosos além da medida. No entanto, há uma poderosa luz da verdade e da bondade que existe dentro de nós. Se permitirmos que esta luz brilhe intensamente ela auxiliará os outros a, inconscientemente, fazerem o mesmo.

Uma noite, um homem pegou uma pequena vela de uma caixa e começou a subir uma escada longa e tortuosa. "Para onde vamos?" Perguntou a vela. "Nós iremos subir mais alto do que uma casa para mostrar aos navios o caminho do porto." "Mas nenhum navio no porto poderá ver a minha luz", disse a vela. "Sou tão pequena". "Se sua chama é pequena", disse o homem "apenas mantenha-a acesa e deixe o resto comigo." Quando chegaram ao topo da longa escada, encontraram uma lâmpada de grande porte. Então ele tomou a pequena vela e acendeu a lâmpada. Logo os grandes espelhos polidos atrás da lâmpada enviavam feixes de luz que poderiam ser vistos a uma grande distância.

A história acima nos ensina bem que não precisamos brilhar tanto, a fim de salvar ou ajudar o mundo, mesmo uma chama vacilante é suficiente para fazer a tarefa que nos foi confiada. Nós somos parte da criação de Deus. Nosso trabalho é continuar a brilhar. O sucesso do nosso trabalho está nas mãos de Deus. Uma pequena faísca pode começar um incêndio na floresta. A pequena chama do nosso bom exemplo pode mudar a vida de outros, sem nos darmos conta. Seja uma luz para eles, como o farol da estória, que orientou os navios ao porto seguro.

Algum dia, talvez, a luz interior brilhará de nós, e então não precisaremos de nenhuma outra luz.

JOHANN WOLFGANG VON GOETHE

3. DILIGÊNCIA

Uma das treze virtudes apresentada por Benjamin Franklin, diligência, está em consonância com os ensinamentos de Jesus em Mateus 5:1316. Ela diz: Diligência – Não perca tempo; empregue sempre seu tempo em algo útil; corte todas as ações desnecessárias.

Se estamos empenhados em trabalhar para a nossa iluminação pessoal não há tempo a perder, devemos usar todas as oportunidades que a vida nos apresenta para aprender e para crescer. Devemos estar atentos para não nos engajarmos em ações reprováveis ou quaisquer ações que podem nos impedir de nos aliarmos com a bondade. Há uma pergunta que Allan Kardec faz aos espíritos em O Livro dos Espíritos que pode ser considerada um grito de alerta em relação a como devemos nos conduzir nesta vida.

642. Para agradar a Deus e assegurar a sua posição futura, bastará que o homem não pratique o mal?

"Não; cumpre-lhe fazer o bem no limite de suas forças, porquanto responderá por todo mal que haja resultado de não haver praticado o bem."

Marianne Williamson de A Return To Love: Reflections on the Principles of A Course in Miracles

Nós não precisamos da permissão do mundo para fazer brilhar a nossa luz sobre a escuridão e fazer boas obras. Quando recebemos a verdade e a luz dos ensinamentos de Jesus, nós crescemos e amadurecemos, assim como as plantas crescem quando recebem luz solar e água. A luz nos transforma e nos purifica. Nós florescemos com caráter divino. Tornamo-nos enraizados na verdade para suportar as tempestades e outros obstáculos que podemos encontrar em nossos caminhos. Seguimos Jesus, cheios de alegria, gratidão e paz. Nós somos a luz do mundo e, como tal, estamos aqui para usar a nossa luz para elevar e transformar todas as coisas com paz, amor, harmonia e boa vontade. Para fechar, vamos citar um poema escrito por Marianne Williamson[27] que pode inspirar-nos a encontrar maneiras de deixar nossa luz brilhar e ajudar os outros:

"Nosso medo mais profundo não é o de sermos inconvenientes. Nosso medo mais profundo é sermos poderosos além da medida. É a nossa luz, não nossa escuridão que mais nos apavora. Nós nos perguntamos: Quem sou eu para ser brilhante, maravilhoso, talentoso e fabuloso? Na verdade, quem é você para não ser? Você é um filho de Deus. Ser pequeno não serve ao mundo. Não há iluminação em se encolher para que outras pessoas não se sintam inseguras ao seu redor. Todos nós somos feitos para brilhar, como fazem as crianças. Nascemos para manifestar a glória de Deus que está dentro de nós. Ela não está só em alguns de nós, está em todos. E conforme deixamos nossa própria luz brilhar, inconscientemente damos às outras pessoas permissão para fazerem o mesmo. E conforme nos libertamos do nosso medo, nossa presença automaticamente liberta os outros."

Pessoas são como vitrais. Eles brilham e reluzem quando o sol está presente, mas quando a escuridão aparece, sua verdadeira beleza será revelada apenas se existir luz interior.

ELIZABETH KÜBLER-ROSS

---

27 Marianne Williamson em A Return To Love: Reflections on the Principles of A Course in Miracles

Leitura Complementar

Recomendamos ao leitor a leitura do texto abaixo, sublinhando os trechos que mais o tocaram, e que mais sente precisam ser trabalhados em si mesmo.

Façamos nossa luz

"Assim resplandeça a vossa luz diante dos homens." — JESUS (Mateus, 5.16)

"Assim resplandeça a vossa luz diante dos homens." — JESUS (Mateus, 5.16)

Ante a glória dos mundos evolvidos, das Esferas sublimes que povoam o Universo, o estreito campo em que nos agitamos, na Crosta Planetária, é limitado círculo de ação.

Se o problema, no entanto, fosse apenas o de espaço, nada teríamos a lamentar. A casa pequena e humilde, iluminada de Sol e alegria, é paraíso de felicidade.

A angústia de nosso Plano procede da sombra. A escuridão invade os caminhos em

todas as direções.

Trevas que nascem da ignorância, da maldade, da insensatez, envolvendo povos, instituições e pessoas. Nevoeiros que assaltam consciências, raciocínios e sentimentos.

Em meio da grande noite, é necessário acendamos nossa luz. Sem isso é impossível encontrar o caminho da libertação.

Sem a irradiação brilhante de nosso próprio ser, não poderemos ser vistos com facilidade pelos Mensageiros Divinos, que ajudam em nome do Altíssimo, e nem auxiliaremos efetivamente a quem quer que seja.

É indispensável organizar o santuário interior e iluminá-lo, a fim de que as trevas não nos dominem.

É possível marchar, valendo-nos de luzes alheias. Todavia, sem claridade que nos seja própria, padeceremos constante ameaça de queda.

Os proprietários das lâmpadas acesas podem afastar-se de nós, convocados pelos montes de elevação que ainda não merecemos.

Vale-te, pois, dos luzeiros do caminho, aplica o pavio da boa vontade ao óleo do serviço e da humildade e acende o teu archote para a jornada.

Agradece ao que te ilumina por uma hora, por alguns dias ou por muitos anos, mas não olvides tua candeia, se não desejas resvalar nos precipícios da estrada longa!...

O problema fundamental da redenção, meu amigo, não se resume a palavras faladas ou escritas, muito fácil pronunciar belos discursos e prestar excelentes informações, guardando, embora, a cegueira nos próprios olhos.

Nossa necessidade básica é de luz própria, de esclarecimento íntimo, de autoeducação, de conversão substancial do "eu" ao Reino de Deus.

Podes falar maravilhosamente acerca da vida, argumentar com brilho sobre a fé, ensinar os valores da crença, comer o pão da consolação, exaltar a paz, recolher as flores do bem, aproveitar os frutos da generosidade alheia, conquistar a coroa efêmera do louvor fácil, amontoar títulos diversos que te exornem a personalidade em trânsito pelos vales do mundo...

Tudo isso, em verdade, pode fazer o Espírito que se demora, indefinidamente, em certos ângulos da estrada. Todavia, avançar sem luz é impossível.

Emmanuel/Francisco C. Xavier – Caminho Verdade e Vida – item 180

11

PROCURA E ACHARÁS
ORDEM

OBJETIVO

Entender as possibilidades que nos foram dadas e colocá-las em uso, correlacionando os ensinamentos de Jesus com uma das treze virtudes de Benjamin Franklin: Ordem. Deixe todas as coisas terem seu lugar, deixe cada assunto ter o seu tempo.

1. PROCURA E ACHARÁS

1. Pedi e se vos dará; buscai e achareis; batei à porta e se vos abrirá; porquanto, quem pede recebe e quem procura acha e, àquele que bata à porta, abrir-se-á.

Qual o homem, dentre vós, que dá uma pedra ao filho que lhe pede pão? – Ou, se pedir um peixe, dar-lhe-á uma serpente? – Ora, se sendo maus como sois, sabeis dar boas coisas aos vossos filhos, não é lógico que, com mais forte razão, vosso Pai que está nos céus dê os bens verdadeiros aos que lhos pedirem? (S. Mateus, 7:7 a 11.)

2. Do ponto de vista terreno, a máxima: Buscai e achareis é análoga a esta outra: Ajuda-te a ti mesmo, que o céu te ajudará. É o princípio da lei do trabalho e, por conseguinte, da lei do progresso, porquanto o progresso é filho do trabalho, visto que este põe em ação as forças da inteligência.

Na infância da Humanidade, o homem só aplica a inteligência à cata do alimento, dos meios de se preservar das intempéries e de se defender dos seus inimigos. Deus, porém, lhe deu, a mais do que outorgou ao animal, o desejo incessante do melhor, e é esse desejo que o impele à pesquisa dos meios de melhorar a sua posição, que o leva às descobertas, às invenções, ao aperfeiçoamento da Ciência, porquanto é a Ciência que lhe proporciona o que lhe falta. (*ESE* – Cap. XXV)

Pelas suas pesquisas, a inteligência se lhe engrandece, o moral se lhe depura. Às necessidades do corpo sucedem as do espírito: depois do alimento material, precisa ele do alimento espiritual. É assim que o homem passa da selvageria à civilização.

3. Se Deus houvesse isentado do trabalho do corpo o homem, seus membros se teriam atrofiado; se o houvesse isentado do trabalho da inteligência, seu espírito teria permanecido na infância, no estado de instinto animal. Por isso é que lhe fez do trabalho uma necessidade e lhe disse: Procura e acharás; trabalha e produzirás. Dessa maneira serás filho das tuas obras, terás delas o mérito e serás recompensado de acordo com o que hajas feito. (*ESE* – Cap. XXV)

4. Em virtude desse princípio é que os Espíritos não acorrem a poupar o homem ao trabalho das pesquisas, trazendo-lhe, já feitas e prontas a serem utilizadas, descobertas e invenções. Dizendo-lhe:

Caminha e chegarás. Encontrarás pedra sob os teus passos; olha e tira-as tu mesmo.

Nós te daremos a força necessária, se quiseres empregar. (O Livro dos Médiuns, cap. XXVI, nº 291 e seguintes.)

5. Do ponto de vista moral, essas palavras de Jesus significam: Pedi a luz que vos clareie o caminho e ela vos será dada; pedi forças para resistirdes ao mal e as tereis; pedi a assistência dos bons Espíritos e eles virão vos acompanhar e, como o anjo que acompanhou Tobias, vos guiarão; pedi bons conselhos e eles não vos serão jamais recusados; batei à nossa porta e ela se vos abrirá; mas, pedi sinceramente, com fé, confiança e fervor; apresentai-vos com humildade e não com arrogância; sem isso, series abandonados

às vossas próprias forças, e as próprias quedas serão a punição do vosso orgulho. (*ESE* Cap. XXV)

O problema aqui é que nos falta confiança e fé em Deus e na ajuda dos bons espíritos, por isso não batemos à porta. Justificamos esta posição, dizendo que muitas vezes oramos e pedimos ajuda e a ajuda não veio. Mas devemos sinceramente refletir sobre o que temos pedido. Sob a luz dos ensinamentos de Jesus "qual é o homem dentre vós que dá uma pedra ao filho quando lhe pede pão? Ou se lhe pede um peixe, lhe dará uma serpente?" Seria justo acreditar que nosso divino Criador ignorasse nossas necessidades e nos deixasse à mercê da própria sorte? O que acontece, muitas vezes, é que não vemos a providência divina até que já estejamos vivendo um novo capítulo em nossas vidas. Mas isso não significa que não fomos ajudados.

A falta de confiança em um Deus Todo Poderoso é refletida na história de um menino de nove anos de idade, que, voltando da escola hebraica comenta com sua mãe sobre a lição do dia.

"Bem, o rabino contou como Deus enviou Moisés por trás das linhas inimigas para resgatar os israelitas dos egípcios. Quando chegaram ao Mar Vermelho, Moisés chamou os engenheiros para construírem uma ponte flutuante. Depois de terem todos cruzado o mar, olharam para trás e viram os tanques egípcios se aproximarem.

Rápido como um raio, Moisés, através de seu "walkie-talkie,"[28] pede para que eles bombardeiem a ponte, e é assim que ele salvou os israelitas."

Sua mãe, espantada, pergunta ao garoto, "David, foi realmente assim que o rabino contou essa história?" "Bem, não exatamente, mãe. Mas se eu lhe contar do jeito que ele contou você não irá acreditar!"

A estória é engraçada porque é tudo muito verdadeiro. Quando as coisas são maiores do que a nossa experiência de vida, nós as "traduzimos" para o que consideramos serem dimensões compreensíveis.

---

28 Walkie-talkie – brinquedo que funciona como um celular.

Coisas incríveis surgem em nosso caminho todos os dias, mas ignoramo-las porque estamos ocupados demais olhando para as situações negativas que enfrentamos atualmente. Cada novo dia é uma abençoada oportunidade para o crescimento espiritual e iluminação. Quando você abre sua mente e coração à alegria, poderá encontrá-la em toda parte. Procure viver a vida, e encontrará a felicidade!

Por outro lado, encontramos um belo exemplo de fé apresentado por Verônica de Cesarea de Filipo, em uma das passagens do Novo Testamento narrado por Mateus (9:20 a 22):

Quando Jesus estava passando pela multidão em uma rua estreita, ele de repente parou, exclamando, "Alguém me tocou." E quando aqueles que estavam perto dele negaram que tivessem tocado nele, Pedro falou: "Mestre, pode ver esta multidão apertá-lo, ameaçando esmagar-nos, e ainda assim você diz que alguém o tocou" O que quer dizer?" Então Jesus disse: "Perguntei quem me tocou, pois percebi que a energia de vida emanou de mim." Jesus olhou ao seu redor e seus olhos caíram sobre uma mulher próxima que se ajoelhou a seus pés e disse: "Durante anos tenho sido afligida por uma aguda hemorragia, sofri muito com muitos médicos, gastei todas as minhas posses, mas ninguém pode me curar. Então ouvi sobre você, e pensei que se eu tão-somente tocar a orla do seu manto, ficarei sã. E Jesus ouvindo isto, pegou-a pela mão e levantando-a, disse: "Filha, a tua fé te salvou, vá em paz." Foi sua fé e não o seu toque que curou a mulher. Ele desejava que todos soubessem que era a sua fé viva que havia feito a cura.

2. BATEI E A PORTA SE VOS ABRIRÁ

Vemos em Mateus "batei e a porta se vos abrirá" (Mateus 7:7). – Se o resultado final de bater é que a porta será aberta, isto então começou com a porta fechada.

Muitas vezes vemos portas fechadas como um coisa ruim, pendendo nossa cabeça em derrota, entrando em pânico, ou tentando usar chaves de outras pessoas para entrar. Somos encorajados a simplesmente bater. Bater significa mais que a indagação inicial; significa que você aguarde a resposta. Algumas portas não se abrem tão rapidamente como outras, mas elas podem e irão se abrir eventualmente.

Aqui estão alguns pensamentos sobre como BATER com sucesso.

Bravura da fé. Mantenha sua fé: A mesma fé que o leva para bater é a mesma fé necessária para mantê-lo em pé na porta. Mas quando estamos prontos para ir embora por causa da demora ou porque outras coisas de ganho fácil aparecem, o que você faz? É preciso fé para ficar e esperar, para conquistar um sonho que ninguém mais tem, somente você. Mantenha sua fé atendendo-a como um jardineiro cultiva suas rosas perfeitas.

Abandonar o medo e a dúvida. Nunca se entregue à dúvida e ao medo: É normal ter dúvidas e medos. O importante é não permitir que esses sentimentos o movam da sua posição. Isso acontece quando você tenta argumentar com dúvidas e medos, que são simplesmente sentimentos, não verdades.

Tente de outra forma: Se você está esperando que a porta abra de uma maneira comum ou da maneira que você espera, você poderá perder sua entrada. Pense em todas as formas que uma porta pode abrir: giratória, deslizante..., ou talvez haja uma pequena abertura na parte inferior e você vai ter que se encolher para passar (talvez perder o ego e a atitude irá ajudar você a passar).

Escolha: Temos tanto poder na nossa capacidade de escolha: escolha defender seu posicionamento, escolha ser grato, escolha perdoar, escolha ser genuinamente feliz por outras pessoas, escolha fazer o que é desconfortável se isso poderá levá-lo adiante. Quando não percebemos o valor e o poder da nossa capacidade de escolher, nós inconscientemente prendemos nosso potencial ao nosso sentimento. Viver sem limites é possível se escolhemos agir e pensar independentemente do que e como nos sentimos. Recuse-se a fazer as coisas apenas por hábito.

Resguarde o coração e a mente: Tenha cuidado com o que e quem você permite semear em você. Se você está de pé na porta, esperando que ela se abra, você precisa de sua torcida, pessoas que lhe deram os ombros para você se levantar, e que irão esperar o tempo passar com você pacientemente e silenciosamente, com palavras de encorajamento. Leia, encontre músicas e filmes inspiradores, faça o que for necessário para manter sua mente e coração preparados para o que lhe espera do outro lado da porta. Enquanto algumas portas fechadas são destinadas a levá-lo a outro caminho, outras são destinadas a serem abertas.

> *"Quando uma porta se fecha, outra se abre, mas muitas vezes olhamos tão demoradamente e tão lamentavelmente para a porta fechada que não vemos aquela que abriu para nós."*
>
> ALEXANDER GRAHAM BELL

3. POSITIVIDADE DA DOR EM NOSSAS VIDAS

Bater requer uma atitude positiva e ativa. Não podemos esperar que as coisas aconteçam conosco sem fazermos a nossa parte. Deus não ajuda dessa forma. Ele nos dá as ferramentas necessárias para que possamos alcançar nosso objetivo final, que é evoluir e nos tornarmos espíritos puros. Às vezes, a única maneira de conseguirmos isso é passando por desafios que podem aparecer sob a forma de sofrimento e dificuldade em nossas vidas. Podemos ver nos itens 3 e 4, Cap. XXV do Evangelho Segundo o Espiritismo, mencionado acima, que é através do trabalho que desenvolvemos nossa inteligência e, como consequência, evoluímos também espiritualmente.

Precisamos aprender o verdadeiro valor do sofrimento, desafios e dificuldades em nossas vidas, e abraçá-los como companheiros abençoados que nos levarão à iluminação e, como Benjamin Franklin uma vez disse quando se referiu à reencarnação, para nos tornarmos uma melhor versão de nós mesmos.

No livro Vitória sobre a Depressão (Publicado pela LEAL em 2010), o espírito Joanna de Angelis, através da mediunidade de Divaldo Franco diz:

A dor é sempre uma companheira indesejada, já que aflige com suas sensações e emoções perturbadoras. No entanto, muitos golpes de sofrimento têm funções psicoterapêuticas para o Espírito, porque eles nos ajudam a despertar para a realidade de ser imortal, mesmo quando ainda dependemos de nosso corpo material, sempre de duração efêmera.

A pérola é arrancada de seu claustro através dos golpes vigorosos de ferramentas que a abrem.

Enquanto protegida em seu santuário, a pérola não reflete a luz suave que possui.

De maneira semelhante, o despertar da consciência nos seres humanos pode ocorrer através de um lento progresso que propicia o enriquecimento, com seus traços de dor e angústia que impulsionam o indivíduo para a realidade de seu atual estágio de evolução.

O sofrimento é ruim, no entanto, não é um mal, porque oferece recursos valiosos para a aquisição de bens permanentes.

Sem dor, o homem ainda estaria nos estágios mais baixos de seu desenvolvimento antropo-sócio-psicológico, sem o equilíbrio necessário para navegar com sucesso os confrontos do processo evolutivo.

Atravessar o rio de problemas de uma para a outra margem, onde as belas atividades de grandeza moral encontram-se, é a tarefa da pessoa inteligente, que anseia pela conquista da felicidade.

Quando Jesus disse que o reino dos céus está dentro de nós, ele indicou a possibilidade de, através da iluminação interior, os indivíduos já o conhecerem e o experimentarem.

Não importa quanto esforço temos que fazer e quanta dor temos de suportar para termos sucesso, e realizarmos coisas boas porque, como Thomas Edison disse:

Gênio é um por cento inspiração e 99 por cento de transpiração.

Ele também disse:

Eu nunca fiz nada por acidente, nem nenhuma das minhas invenções aconteceu por acaso; elas são resultado de trabalho.

E para aqueles que quiseram apontar suas falhas, ele responderia de uma forma positiva, dizendo:

Eu não falhei. Eu apenas descobri 10.000 maneiras que não funcionaram.

E no final, todos nós sabemos o quão bem ele conseguiu!

Quando as dificuldades se multiplicam ao seu redor, causando-lhe constrangimentos e conflitos. Quando as vicissitudes parecem ser tão insuportáveis, que o abandono de suas obrigações parece ser a única saída...

Então, e somente então, você terá alcançado o momento de ouro para dar testemunho de sua fé, porque servindo e agindo enfrentando fatiga e tribulações, você pode estar seguro que devido ao seu trabalho e dedicação, Deus virá em seu auxílio com assistência imprevista e uma luz inesperada.

Deus não requer que tenhamos sucesso; Ele somente requer que você tente.

MADRE TERESA

4. SEJA PROATIVO – AJUDA-TE E O CÉU TE AJUDARÁ

Já é plenamente aceito em nossa sociedade de que há uma necessidade de reciclar papel, metais, tecidos e outros itens que antes eram desperdiçados ou eram inúteis em nossas casas. Mas essa prática saudável de reciclar nossos pensamentos ainda se encontra numa fase inicial do comportamento humano. Obviamente, o processo de mudar hábitos arraigados requer nossa colaboração, que começa com o reconhecimento de como estamos agindo e por que; ele implica um processo consciente de escolher nosso modo de pensar, e isso requer persistência na busca e necessidade de monitorar de perto os resultados alcançados. Ah, sim! E temos que combater nossa resistência interior em realizar mudanças, e nossa resistência externa, refletida na desaprovação e descontentamento daqueles que não gostam de nossas mudanças.

Quando dizemos "Ajuda-te e o céu te ajudará", sintetizamos uma boa postura em que, percebemos que é preciso mudar algo em nossas vidas e entendemos que tudo começa através da reflexão sobre o que precisa ser mudado em nossa forma de pensar. Podemos reciclar os nossos pensamentos. Há outra maneira de ver a mesma situação? Estamos limitando a nossa visão, e não percebemos que existem muitos ângulos que podem mostrar-nos uma solução mais adequada e eficiente? Haverá tanto orgulho em mim que eu não vou me permitir ver, sentir e pensar de forma diferente do que estou pensando agora?

Precisamos ficar mais atentos com o que se passa dentro de nós, nos analisando e redobrando nossa atenção; precisamos ser mais flexíveis com os preconceitos; examinando como nos sentimos e o que desencadeia nossas reações. Mas temos que fazer isso sem nos culpar e sem cobrança! Estamos em um processo evolutivo, e os erros não deveriam necessariamente, ser considerados atos vergonhosos.

Trabalhar para viver já faz parte de nossas vidas. Trabalhar para melhorar a nós mesmos ainda requer uma ação positiva.

Nossa mera convicção especulativa de que é do nosso interesse sermos totalmente virtuosos, não é o suficiente para prevenir nossos deslizes; nossos hábitos negativos devem ser eliminados, e os bons adquiridos e estabelecidos para que possamos ter certa constância e uniformidade na conduta de retidão.

Não é o crítico que conta, nem o homem que aponta quando o homem forte tropeça ou onde o operário poderia ter feito melhor. O crédito pertence ao homem que está realmente na arena, cujo rosto está sujo de poeira, suor e sangue, que se esforça valentemente, que erra mas continua tentando, porque não existe esforço sem erro ou falha, mas aquele que conhece os grandes entusiasmos, as grandes devoções, quem se dedica a uma causa digna; que na melhor das hipóteses, reconhece, no final, o triunfo das grandes realizações, e que, na pior das hipóteses, se falhar, pelo menos, ele falha ousando com coragem, de modo que seu lugar nunca será junto às almas frias e tímidas que não conheceram nem a vitória nem a derrota.

THEODORE ROOSEVELT, 1910

5. ORDEM

Em sua autobiografia, Benjamin Franklin, disse: "Quando entendi, ou pensei que entendia, o que era certo e errado, eu não via por que nem sempre fazia um e evitava o outro. Mas logo descobria que tinha assumido uma tarefa mais difícil do que imaginava. Enquanto meu cuidado era empregado na proteção contra uma falha, outras muitas vezes, me surpreendia; hábitos prevalecem em momentos de desatenção; a inclinação era algumas vezes demasiadamente forte para a razão.

Cheguei à conclusão, por fim, que a mera convicção especulativa de que era do nosso interesse ser totalmente virtuoso, não era o suficiente para prevenir nossos deslizes; e que os hábitos negativos devem ser quebrados, e os bons adquiridos e estabelecidos antes que possamos ter qualquer segurança em uma conduta reta, firme e uniforme. Para essa finalidade, portanto, planejei o método das treze virtudes."

Para seguir o programa estabelecido por ele mesmo, Benjamin Franklin precisou contar primeiro com a ORDEM – Deixe todas as coisas terem seu lugar, deixe cada assunto ter o seu tempo

Ao abordar as questões que temos de resolver, a menos que sigamos uma lista de prioridades, sempre colocando à frente de ganhos monetários ou financeiros, o coração e o lar, não seremos capazes de ter sucesso de uma forma satisfatória.

Compreender nosso potencial e propósito exige ordem, paciência, determinação e conquista diária. Enfrentar desafios é realmente uma questão de ter fé na própria capacidade de sermos positivos sobre a vida. Que nunca percamos de vista esta importante verdade: nenhum de nós pode ser verdadeiramente grande até colocarmos Deus em primeiro lugar e ganharmos conhecimento de nós mesmos.

O que está por trás de você e o que está diante de você são coisas ínfimas quando comparadas ao que está dentro de você.

RALPH WALDO EMERSON

6. PEDI, E SE VOS DARÁ.

O espírito Joana de Angelis, através da mediunidade de Divaldo Franco, no livro Vitória sobre a Depressão (Publicado pela LEAL em 2010), nos fala sobre a eficácia da prece:

Cada criatura é, na realidade, aquilo que cultiva na casa mental. Os seus ideais de enobrecimento ou de degradação levam-no às faixas vibratórias nas quais haurem as energias correspondentes às cargas emitidas.

Não foi por outra razão, que Jesus anunciou: Tudo que pedirdes a meu Pai, orando, Ele concederá, demonstrando que a plena sintonia com a poderosa Fonte de Vida produz uma correspondência entre aquele que ora e o Gerador divino.

Quando alguém ora, abre suas áreas psíquicas, que se tornam maleáveis, de modo a registrar as respostas celestiais.

Se os seres humanos soubessem o poder transformador da oração, sempre que possível, procurariam estabelecer por meio da oração uma conexão com os reinos mais elevados, recebendo, por intermédio deste intercâmbio, energia saudável para sustentar suas vitórias existenciais.

Cultivar, portanto, pensamentos edificantes, buscando viver de uma maneira consistente com os objetivos maiores da vida, é dever de todos que anseiam por saúde, paz e felicidade.

E lembre-se, quando se abrem a mente e o coração à alegria, é possível descobri-la em toda parte, bastando olhar-se para a vida, e ei-la jubilosa!

Quando a vida nos dá uma centena de razões para chorarmos, podemos mostrar à vida que temos milhares de motivos para sorrir.

ANÔNIMO

LEITURA COMPLEMENTAR

Recomendamos ao leitor a leitura do texto abaixo, sublinhando os trechos que mais o tocaram, e que mais sente precisam ser trabalhados em si mesmo.

ACHAREMOS SEMPRE

"Porque qualquer que pede recebe; e quem busca, acha." — JESUS (Lucas, 11.10)

Ao experimentar o crente a necessidade de alguma coisa, recorda maquinalmente a promessa do Mestre, quando assegurou resposta adequada a qualquer que pedir.

Importa, contudo, saber o que procuramos. Naturalmente, receberemos sempre, mas é imprescindível conhecer o objeto de nossa solicitação.

Asseverou Jesus: "Quem busca, acha."

Quem procura o mal encontra-se com o mal igualmente.

Existe perfeita correspondência entre nossa alma e a alma das coisas. Não expendemos uma hipótese, examinamos uma lei.

Para os que procuram ladrões, escutando os falsos apelos do mundo interior que lhes é próprio, todos os homens serão desonestos. 7 Assim ocorre aos que possuem aspirações de crença, acercando-se, desconfiados, dos agrupamentos religiosos. 8 Nunca surpreendem a fé, porque tudo analisam pela má-fé a que se acolhem. 9 Tanto experimentam e insistem, manejando os propósitos inferiores de que se nutrem, que nada encontram, efetivamente, além das desilusões que esperavam.

A fim de encontrarmos o bem, é preciso buscá-lo todos os dias.

Inegavelmente, num campo de lutas chocantes como a Esfera Terrestre, a caçada ao mal é imediatamente coroada de êxito, pela preponderância do mal entre as criaturas. A pesca do bem não é tão fácil; no entanto, o bem será encontrado como valor divino e eterno.

É indispensável, pois, muita vigilância na decisão de buscarmos alguma coisa, porquanto o Mestre afirmou: "Quem busca, acha"; e acharemos sempre o que procuramos.

Emmanuel/Francisco C. Xavier – Caminho Verdade e Vida - item 109

12

Transformação
Moral

Objetivo

Através da análise de fatos que mostram o momento da mudança de vida de alguns missionários da humanidade, podemos obter forças para trabalhar em nossa transformação moral.

1. Exemplos:

Paulo de Tarso

Em seu conhecido livro, *Paulo: A Study in Social and Religious History*, publicado pela primeira vez em 1912, Adolf Deissmann disse que o verdadeiro investigador histórico deve resgatar "o papel de Paulo de nossas bibliotecas ocidentais." Paulo é um personagem fundamental na história. Ele ascendeu de uma relativa obscuridade no primeiro século do cristianismo para ser reconhecido mundialmente como uma figura moderna internacional. Ninguém, além do próprio Cristo, tem sido tão influente na história do Cristianismo. Não se sabe ao certo quando Paulo começou a perseguir os cristãos. Saulo de Tarso aparece pela primeira vez no registro bíblico na ocasião do apedrejamento de Estêvão, o primeiro mártir da causa cristã – até mesmo "consentindo" na sua morte (Atos 7:58; 9:1). Daí em diante, sua perseguição aos cristãos foi implacável, como consta de seu depoimento relatado no livro de Atos dos Apóstolos.

Ele sinceramente acreditava que estava cumprindo a vontade de Deus (23:1; 26:9).

Em uma entrevista dada a Revista Espírita,[29] Divaldo Franco disse que, após análise profunda, ele havia chegado à conclusão de que Saulo era um espírito de personalidade forte e ambiciosa que procurou ser fiel à Lei de Moisés, e era dominado por uma característica obstinação daqueles que queriam atingir a mais alta posição no Sinédrio. Intuitivamente, ele sentiu que Jesus era o Messias e consequentemente experimentou uma dicotomia psicológica: ele tanto O amava quanto O odiava.

Saulo tornou-se mentalmente aberto a Jesus quando sua noiva Abigail contou-lhe sobre a grandeza espiritual do Mestre. Mas Saulo sentiu um ciúme incontrolável devido a seu caráter implacável. Logo em seguida, com o assassinato de Estevão, ele se sensibilizou com a coragem e o amor demonstrado pelo discípulo de Jesus frente à morte, e se sentiu profunda e inesperadamente tocado por ele. Mesmo assim, tornou-se mais resistente devido ao orgulho tolo que o dominava.

De acordo com o evangelista Lucas (Atos 9:11), Saulo, armado e com mandatos de prisão para os cristãos, partiu de Jerusalém em uma viagem à antiga Damasco, cerca de 225 quilômetros ao norte. Quando se aproximava da cidade, uma luz mais brilhante que o Sol ao meio-dia, de repente o tomou por completo.

O encontro às portas de Damasco foi o meio poderoso utilizado por Jesus para trazer Saulo para sua causa. Vale ressaltar que o diálogo entre Jesus e Saulo é um dos mais belos exemplos de conversão já encontrado na história religiosa da humanidade. Depois de ser questionado por Jesus por que ele o perseguia, Saulo perguntou quem Ele era e ao ser informado, Saulo rendeu-se como aquele que reconhece seu mestre. Ele não argumentou nem apresentou qualquer

---

29 https://www.spiritistmagazine.org/

apreensão, mas simplesmente se entregou a Jesus, perguntando: – O que queres que eu faça?

... E ele obedeceu.

O Motivo da Conversão[30]

Até hoje muitos questionam a veracidade da conversão de Paulo. Lorde George Lyttelton (1708–1773) que foi educado em Oxford, e também serviu com distinção no Parlamento Britânico, foi, inicialmente, altamente cético a respeito do Cristianismo. Ele determinou que realizaria uma análise crítica dos registros de Lucas a respeito da "experiência da conversão de Paulo." Ao fazer isso ele acreditava que poderia estabelecer que a transformação radical de Paulo está fundamentada no interesse próprio. Ele sabia que tinha de haver alguma justificação racional para tal alteração tão importante na vida de Saulo. Mas, depois de pesquisar exaustivamente o assunto, ele reverteu a sua visão cética, tendo concluído que a conversão de Paulo foi genuína. Em 1747, Lorde Lyttelton publicou seu livro, Observações sobre a Conversão de São Paulo, no qual ele defende a verdade da crença cristã. Este livro ainda é publicado depois de 200 anos; um fenômeno raro no mercado editorial.

Lyttelton concluiu:

1.   O apóstolo não era um impostor que, deliberadamente, defendeu o que ele sabia ser falso; de fato, por que ele sofreria tamanha perseguição se achasse que era tudo mentira?

2.   Paulo não era um entusiasta que se deixasse levar por uma "imaginação fértil", ele era um estudioso disciplinado e lógico de primeira grandeza.

3.   Ele não foi enganado pela fraude dos outros porque sua revelação foi independente dos outros apóstolos. Mesmo seus críticos confirmam esta sua independência.

---

30 https://www.christiancourier.com/articles/1372

Embora a palavra conversão seja teologicamente aceita, o comentário de Divaldo sobre a conversão de Saulo é que foi mais uma aceitação de algo que ele interiormente temia e que acabou realmente acontecendo. O sentido etimológico da conversão de Paulo representa a mudança de atitude, crença e comportamento, adotando outro que lhe era oposto. Esta aceitação ou conversão, no entanto, apresenta-se de mil maneiras diferentes, de acordo com o nível moral e espiritual de cada ser humano.

Quando Jesus diz a Paulo: "Não seja recalcitrante contra os aguilhões (Atos 26:4)," é evidente que estas palavras demonstram uma consciência dos passos no processo para atingir a consciência profunda. Quando buscamos negar uma realidade que estamos enfrentando, isso se torna um aguilhão real, porque não podemos libertar nosso *self* inconsciente de sua presença, forçando-nos a um estado de consciência anestesiada. Isto é equivalente a dizer que ninguém é capaz de fugir de si mesmo indefinidamente, isto é, do auto encontro, o que leva, inevitavelmente, a uma profunda imersão em plena consciência. Muitas vezes este despertar ocorre gradualmente, em etapas, tendo em conta a fixação do passado espiritual cujo objetivo coletivo é nos manter na ignorância. O despertar do nosso *Self* (Eu) é muito doloroso para o ego que está imerso no convencional, enquanto o *Self* (Eu) deseja realizar individuação, ou seja, o estado numinoso.

Em Saulo–Paulo encontramos o arquétipo do herói, como conceituado na psicologia junguiana, que está adormecido, e de repente desperta, semelhante ao que ocorre na parábola do filho pródigo que vai em busca de si mesmo e retorna à casa paterna para reabilitar-se. Todos nós carregamos esse arquétipo que irá se manifestar em um momento culminante, realizando a integração Saulo em Paulo, e para essa realidade podemos oferecer nossa existência sem relutância.[31]

---

31 A Revista Espírita, volume 6

Podemos ler mais sobre a transformação moral de Paulo no excelente livro Paulo e Estevão. O espírito Emmanuel, utilizando-se da mediunidade de Chico Xavier, descreve um dos momentos mais emblemáticos do cristianismo primitivo: a história de Paulo de Tarso. Além de oferecer novas informações sobre a conversão de Paulo às portas de Damasco, a sua fuga para o deserto e suas viagens, o livro fala sobre a relação de Paulo e Estevão, o primeiro mártir do cristianismo. Paulo e Estevão é considerado um dos melhores livros espíritas do século 20.

MARIA MADALENA OU MARIA DE MAGDALA

Maria Madalena ou Maria de Magdala foi uma das mais famosas discípulas de Jesus. Ela é uma figura bastante conhecida porque, de acordo com os Evangelhos de Marcos e João, foi a primeira pessoa a ver Jesus depois que ele ressuscitou. Desde o final do século VI, Maria Madalena foi identificada pela Igreja Católica como uma prostituta adúltera e arrependida. O Papa Gregório Magno fez um discurso em 591 onde parecia combinar as ações de três mulheres mencionadas no Novo Testamento, agregando também uma mulher desconhecida como sendo Maria Madalena. Em 1969 o Vaticano, sem comentar sobre o raciocínio do Papa Gregório,[32] implicitamente rejeitou esta hipótese, separando a mulher pecadora de Lucas, Maria de Betânia e Maria Madalena através do Missal Romano.

De acordo com Lucas 8:2 e Marcos 16:9, Jesus purificou-a de "sete demônios".

Hoje, através da visão espírita entendemos que estes "sete demônios" na realidade representam os sete pecados capitais, a que Maria Madalena se entregava, quando levava uma vida equivocada.

---

32 Williams, Mary Alice. "Mary Magdalene." PBS: Religion and Ethics. November 21, 2003. Episode 712. Web: 22

No Livro Boa Nova do espírito Humberto de Campos, psicografado por Francisco Xavier, o capitulo 20 é dedicado a contar a história de Maria Madalena.

Escreve Humberto de Campos: Maria de Magdala[33] ouvira as pregações do Evangelho do Reino, e tomara-se de profunda admiração por Jesus. O profeta nazareno havia plantado em sua alma novos pensamentos. Ela observou que as facilidades da vida lhe traziam agora um tédio mortal ao espírito sensível. Assim, dispusera-se ela a procurar o Messias. Para todos ela era a mulher perdida que teria que encontrar a lapidação na praça pública. Mas agora, gostaria de trabalhar na execução das ideias puras e redentoras de Jesus. Propunha-se a amar como Jesus amava, sentir com os seus sentimentos sublimes. Se necessário, saberia renunciar a tudo.

Assim, disse ela a Jesus:

Senhor, ouvi a vossa palavra consoladora e venho ao vosso encontro!... Tendes clarividência do Céu e podeis adivinhar como tenho vivido! Sou filha do pecado.

Todos me condenam. Entretanto Mestre, observai como tenho sede do verdadeiro amor!... Minha existência, como todos os prazeres tem sido estéril e amargurada.

O profeta nazareno ouvindo-a disse:

Maria, levanta os olhos para o céu e regozija-te no caminho, porque escutaste a Boa Nova do Reino e Deus te abençoa as alegrias. Caminha agora sob a sua luz (Deus), porque o amor cobre a multidão dos pecados. Maria, trabalha sempre, sem amargura e sem ambição, com os júbilos do sacrifício. Só o amor que renuncia sabe caminhar para a vida suprema!...

Maria seguiu, humilde e sozinha, resistiu a todas as propostas condenáveis que a solicitavam para uma nova queda de sentimentos. Sem recursos para viver, trabalhou pela própria manutenção. Foi

---

33 https://pt.wikipedia.org/wiki/Maria_Madalena

forte nas horas mais ásperas, alegre nos sofrimentos mais escabrosos, fiel a Deus nos instantes escuros e pungentes.

Maria Madalena é a líder de um grupo de seguidoras de Jesus que estavam presentes na cruz, quando os discípulos (com exceção de João, o Amado) haviam fugido, e também estavam em seu enterro. Maria foi uma devotada seguidora de Jesus, entrando no círculo fechado dos que foram orientados por Jesus durante seu ministério. Dedicou-se fielmente à divulgação das mensagens de Jesus aos leprosos e pereceu pela lepra.

A fim de se compreender a grandiosidade deste espírito e os sacrifícios que ela atravessou para alcançar a melhoria interior, vamos ler a mensagem esclarecedora do Espírito Emmanuel descrevendo Maria de Magdala:

Madalena

Disse-lhe Jesus: Maria! Ela, voltando-se, disse-lhe: Mestre. (João, 20:16)

Dos fatos mais significativos do Evangelho, a primeira visita de Jesus, na ressurreição, é daqueles que convidam à meditação substanciosa e acurada.

Por que razões profundas deixaria o Divino Mestre tantas figuras mais próximas de sua vida para surgir aos olhos de Madalena, em primeiro lugar?

Somos naturalmente compelidos a indagar por que não teria aparecido, antes, ao coração abnegado e amoroso que lhe servira de Mãe ou aos discípulos amados.

Entretanto, o gesto de Jesus é profundamente simbólico em sua essência divina.

Dentre os vultos da Boa Nova, ninguém fez tanta violência a si mesmo, para seguir o Salvador, como a inesquecível obsidiada de Magdala. Nem mesmo "morta" nas sensações que operam a paralisia da alma entretanto, bastou o encontro com o Cristo para abandonar tudo e seguir-lhe os passos, fiel até ao fim, nos atos de negação de si própria e na firme resolução de tomar a cruz que lhe competia no calvário redentor de sua existência angustiosa.

É compreensível que muitos estudantes investiguem a razão pela qual não apareceu o Mestre, primeiramente, a Pedro ou a João, à sua Mãe ou aos amigos. Todavia, é igualmente razoável reconhecermos que, com o seu gesto inesquecível, Jesus ratificou a lição de que a sua doutrina será, para todos os aprendizes e seguidores, o código de ouro das vidas transformadas para a glória do bem. E ninguém, como Maria de Magdala, houvera transformado a sua, à luz do Evangelho redentor.

(Emmanuel/Francisco C. Xavier - Caminho, Verdade e Vida, lição 92).

SANTO AGOSTINHO

Agostinho de Hipona (13 novembro, 354 – 28 agosto, 430) foi bispo da cidade de Hipona. Foi um filósofo de língua latina e teólogo que viveu no norte da África Romana. Seus escritos foram muito influentes no desenvolvimento do cristianismo ocidental. Para a Igreja Católica e a Igreja Anglicana, ele é considerado um santo e eminente Doutor da Igreja. Em seus primeiros anos, ele foi fortemente influenciado pelo maniqueísmo e depois pelo neoplatonismo de Plotino. Depois de sua conversão ao cristianismo e o batismo (387), Agostinho desenvolveu sua própria abordagem para a filosofia e a teologia, acomodando uma variedade de métodos e perspectivas diferentes.

Quando jovem, Agostinho teve um estilo de vida hedonista por um tempo, associando-se com jovens que se vangloriavam de suas vivências com o sexo oposto e incitavam rapazes inexperientes, como ele, a procurar experiências com mulheres.

Ele teve um caso com uma jovem mulher em Cartago que foi sua amante por mais de treze anos e deu à luz seu filho Adeodato.

Aos trinta anos, Agostinho ganhou a cadeira mais valorizada no mundo acadêmico latino, num momento em que esses postos davam pronto acesso a carreiras políticas.

Ele já estava se afastando do maniqueísmo enquanto ainda residia em Cartago, mas foi em Milão que a vida de Agostinho realmente mudou. Sua mãe, que o havia seguido a Milão, o pressionava para que ele se tornasse cristão. Então, mais tarde, no verão de 386, depois de ter lido um relato da vida de Santo Antônio do Deserto, que o inspirou profundamente, Agostinho passou por uma profunda crise pessoal, que o levou a se converter ao cristianismo e a abandonar sua carreira na retórica. Ele deixou seu cargo de professor, e dedicou-se inteiramente a servir a Deus e às práticas de sacerdócio, que incluíam o celibato. A chave para essa conversão foi uma voz infantil que ele ouviu cantando nas proximidades de sua casa. Ele fez uma pausa para refletir como e porque essa criança estava cantando essas palavras e, em seguida, deixou o seu jardim e retornou para sua casa. Chegando lá, ele abriu a Bíblia ao acaso na epístola de Paulo aos romanos e começou a ler: (Romanos 13:13-14) "Andemos honestamente, como de dia, não em glutonarias, nem em bebedeiras, nem em desonestidades, nem em dissoluções, nem em contendas e inveja; mas revesti-vos do Senhor Jesus Cristo, e não tenhais cuidado da carne em suas concupiscências." Ele detalhou sua jornada espiritual em suas famosas Confissões, obra que se tornou um clássico tanto da teologia cristã, como da literatura mundial.

Já incluímos em nossos estudos, na Lição 1 deste livro, o sábio conselho dado por Santo Agostinho, um dos espíritos que ajudou na Codificação Espírita, sobre a importância de alcançar o autoconhecimento para podermos trabalhar em nossa transformação moral. Encontramos em O Livro dos Espíritos (Questão 919a) uma pergunta feita por Allan Kardec sobre as dificuldades que encontramos na tentativa de nos conhecer, e ele pergunta como podemos alcançar esse autoconhecimento. A resposta de Santo Agostinho é:

Fazei o que eu fazia, quando vivi na Terra: ao fim do dia, interrogava a minha consciência, passava revista ao que fizera e perguntava a mim mesmo se não faltara a algum dever, se ninguém tivera motivo para de mim se queixar. Foi assim que cheguei a me conhecer e a ver o que em mim precisava de reforma. Aquele que, todas as noites, evocasse todas as ações que praticara durante o dia e inquirisse de si mesmo o bem ou o mal que houvera feito, rogando a Deus e ao seu anjo de guarda que o esclarecessem, grande força adquiriria para se aperfeiçoar, porque, crede-me, Deus o assistiria. Dirigi, pois, a vós mesmos perguntas, interrogai-vos sobre o que tendes feito e com que objetivo procedestes em tal ou tal circunstância, sobre se fizestes alguma coisa que, feita por outrem, censuraríeis, sobre se obrastes alguma ação que não ousaríeis confessar. (...) Examinai o que pudestes ter obrado contra Deus, depois contra o vosso próximo e, finalmente, contra vós mesmos. As respostas vos darão, ou o descanso para a vossa consciência, ou a indicação de um mal que precise ser curado.

FRANCISCO DE ASSIS

Francisco de Assis nasceu em 1182, filho de Pietro Bernardone, um rico comerciante de tecidos da Itália central. De sua mãe, Pica, pouco se sabe, mas diz-se que ela pertencia a uma família nobre da Provença. O sucesso financeiro de Pietro garantia ao jovem Francisco uma vida sem preocupações em relação ao conforto material. Francisco era um jovem popular, muitas vezes o centro das atenções, e era encontrado envolvido em esportes, ou na praça da cidade, ou ainda fazendo serenatas às jovens de Assis.

Francisco procurava avidamente a glória e a honra de batalha e em 1201 juntou-se à guerra com a rival de Assis, Perúgia. Depois de uma derrota abrupta, passou quase um ano como prisioneiro, enquanto o pai levantava dinheiro para pagar seu resgate.

Em 1205, tentou novamente se preparar para ser um cavaleiro, mas depois de sofrer outra doença, teve uma visão que marcou o início de sua conversão. Ele tinha 23 anos.

Ele retornou para Assis onde sua depressão inicial logo se tornou em uma crise emocional. Sua evidente insatisfação com o conforto material de sua vida frustrava seu pai, particularmente quando Francisco espontaneamente começou a compartilhar a riqueza de sua família com os pobres.

Nascida de uma crise de compreensão da Humanidade, sua busca pela paz interior colocou Francisco no caminho de sua conversão.

Estamos todos bem familiarizados com a oração mais divulgada de Francisco de Assis que representa uma verdadeira lição de fraternidade. Na verdade, toda a segunda parte da oração de Francisco de Assis é um testemunho da alegria que encontramos ao dar alegria aos outros, quando ele diz: Ó Mestre, fazei que eu procure mais consolar que ser consolado... Mas vamos apresentar nesta lição uma oração proferida pelo espírito Francisco de Assis ditada ao médium Divaldo Pereira Franco – do livro Transição Planetária de autoria de Manoel Philomeno de Miranda (espírito), publicado pela LEAL (https://www.livrarialeal.com.br/).

Mestre sublime Jesus: Fazei que entendamos a vossa vontade e nunca a nossa, entregando-nos às vossas mãos fortes para conduzir-nos; permiti que possamos desincumbir-nos dos deveres que nos cabem, mas, não conforme os nossos desejos; lançai vosso olhar sobre nós, afim de que tenhamos a claridade da vossa ternura, e não as sombras da nossa ignorância; abençoai os nossos propósitos de servir-vos, quando somente nos temos preocupado em utilizar do vosso santo nome para servir-nos; envolvei-nos na santificação dos vossos projetos, de forma que sejamos Vós em nós, porquanto ainda não temos condição de estar em Vós; dominai os nossos anseios de poder e de prazer, auxiliando-nos na conquista real da renúncia e da abnegação; ajudai-nos na compreensão dos nossos labores, amparando-nos em nossas dificuldades e socorrendo-nos quando mergulhados na argamassa celular; facultai-nos a dádiva da vossa paz, de modo que a distribuamos por onde quer que nos encontremos e todos a identifiquem, compreendendo que somos Vossos servidores dedicados... e porque a morte restituiu-nos a vida gloriosa para continuarmos a trajetória de iluminação, favorecei-nos com a sabedoria para o êxito da viagem de ascensão, mesmo que tenhamos de mergulhar muitas vezes nas sombras da matéria, conduzindo, porém, a bússola do Vosso afável coração apontando-nos o rumo.

Senhor!

Intercedei, junto ao Pai Todo Amor, por vossos irmãos da retaguarda, que somos quase todos nós, os trânsfugas do dever.

Existem muitos exemplos de profunda transformação moral que poderíamos ter mencionado nesta lição, como as histórias de Moisés, Buda e Maomé, mas levaria muito tempo para descrevê-las para o propósito deste estudo. No entanto, aconselhamos todos os interessados em encontrar mais inspiração a lerem sobre eles e tantos outros.

A verdadeira viagem de descoberta não consiste em procurar novas paisagens, mas em ter novos olhos.

MARCEL PROUST

2. VOCÊ

Agora é hora de você aplicar a terapia cognitiva[34] em sua vida e começar a internalizar as lições que aprendeu neste estudo. Lembre-se, estamos falando em começar com pequenos passos.

---

34 Terapia Cognitiva busca ajudar o paciente a superar suas dificuldades identificando e modificando seus pensamentos, modos de ser e reações emocionais disfuncionais. Inclui ajuda no desenvolvimento de habilidades dos pacientes para

Uma jornada de mil milhas começa com um único passo

Lao Tzu

Podemos começar eliminando os pensamentos negativos automáticos e / ou tendências negativas que nos detêm. Pensamentos negativos automáticos irão invadir o nosso cérebro, se permitirmos que eles o façam, diminuirão nossa força de vontade, colocando em risco as nossas chances de sucesso.

A ideia é corrigir uma coisa de cada vez. Pequenas coisas podem levar a grandes coisas e boas podem levar a importantes resultados. Quer se trate de tornarmo-nos menos egoístas, ou de desenvolver mais compaixão, ou mesmo tornarmo-nos menos apegados às coisas materiais, pode ser desafiador – quase paralisante – mas precisamos focar no objetivo final. Podemos até sentir como uma meta que nunca alcançaremos. Com essa perspectiva quase todos desistiriam antes mesmo de começarem. A única coisa que é necessária é algo que todos temos o poder de fazer:

Ter compromisso.

Qual será seu compromisso de mudança esta semana?

Bons sentimentos são encorajados, estimulados e honrados hoje mais do que em qualquer outro momento, e a medida que você embarcar em seu processo de transformação pessoal, você vai perceber que você não está sozinho. Há muitas pessoas já buscando uma forma mais abrangente e espiritual de conduzir suas vidas. Muitos o precederam e estão à sua espera ao longo da estrada para dar-lhe uma mão.

Mas será sua a tarefa de encontrar o melhor roteiro para chegar ao seu objetivo.

Você poderá ser capaz de encontrar atalhos ao longo do caminho, mas ainda

---

modificar crenças, identificando pensamentos distorcidos de diferentes formas e modificando modos de ser.

terá que começar e terá que continuar até alcançar seu objetivo. Você ficará

surpreso ao ver quantos novos companheiros fará nesta estrada. E pode contar

conosco entre eles.

Que Deus nos abençoe nesta incrível jornada!

Leitura Complementar

Recomendamos ao leitor a leitura do texto abaixo, sublinhando os trechos que mais o tocaram, e que mais sente precisam ser trabalhados em si mesmo.

TRABALHEMOS TAMBÉM

Varões, por que fazeis essas coisas? Nós também somos homens como vós, sujeitos às mesmas paixões. (Atos, 14:15)

O grito de Paulo e Barnabé ainda repercute entre os aprendizes fiéis. A família cristã muita vez há desejado perpetuar a ilusão dos habitantes de Listra. Os missionários da Revelação não possuem privilégios ante o espírito de testemunho pessoal no serviço. As realizações que poderíamos apontar por graça ou prerrogativa especial, nada mais exprimem senão o profundo esforço deles mesmos, no sentido de aprender e aplicar com Jesus. O Cristo não fundou com a sua doutrina um sistema de deuses e devotos, separados entre si; criou vigoroso organismo de transformação espiritual para o bem supremo, destinado a todos os corações sedentos de luz, amor e verdade. No evangelho, vemos Madalena arrastando dolorosos enganos, Paulo perseguindo ideais salvadores, Pedro negando o Divino Amigo, Marcos em luta com as próprias hesitações; entretanto, ainda aí, contemplamos a filha de Magdala, renovada no caminho redentor, o grande perseguidor convertido em arauto da Boa Nova, o discípulo frágil conduzido à glória espiritual e o companheiro vacilante transformado em evangelista da Humanidade inteira. O Cristianismo é fonte bendita de restauração da alma para Deus. O mal de muitos aprendizes procede da idolatria a que se entregam, em derredor dos valorosos expoentes da fé viva, que aceitam no sacrifício a verdadeira fórmula da elevação; imaginam-nos em tronos de fantasia e rojam-se-lhes aos pés, sentindo-se confundidos, inaptos e miseráveis, esquecendo que o Pai concede a todos os filhos as energias necessárias à vitória. Naturalmente, todos devemos amor e respeito aos grandes vultos do caminho cristão; todavia, por isto mesmo, não podemos olvidar que Paulo e Pedro, como tantos outros, saíram das fraquezas humanas para os dons celestiais e que o Planeta Terreno é uma escola de iluminação, poder e triunfo, sempre que buscamos entender-lhe a grandiosa missão.

Emmanuel/Francisco C. Xavier – Pão Nosso - item 33

SABER E FAZER

Se sabeis estas coisas, bem -aventurados sois se as fizerdes.

Jesus (João, 13: 17)

Entre saber e fazer existe singular diferença. Quase todos sabem, poucos fazem.

Todas as seitas religiosas, de modo geral, somente ensinam o que constitui o bem.

Todas possuem serventuários, crentes e propagandistas, mas os apóstolos de cada uma escasseiam cada vez mais.

Há sempre vozes habilitadas a indicar os caminhos. É a palavra dos que sabem.

Raras criaturas penetram valorosamente a vereda, muita vez em silêncio, abandonadas e incompreendidas. É o esforço supremo dos que fazem.

Jesus compreendeu a indecisão dos filhos da Terra e, transmitindo-lhes a palavra da verdade e da vida, fez a exemplificação máxima, através de sacrifícios culminantes.

A existência de uma teoria elevada envolve a necessidade de experiência e trabalho.

Se a ação edificante fosse desnecessária, a mais humilde tese do bem deixaria de existir por inútil. João assinalou a lição do Mestre com sabedoria. Demonstra o versículo que somente os que concretizam os ensinamentos do Senhor podem ser bem-aventurados. Aí reside, no campo do serviço cristão, a diferença entre a cultura e a prática, entre saber e fazer.

Emmanuel/Francisco C. Xavier – Caminho Verdade e Vida - item 49

TÓPICOS COMPLEMENTARES[35]

COMBATE AO EGOÍSMO

Ação importante no processo de transformação moral é a de combater os erros, os maus costumes, os vícios que porventura estejam alojados em nossa alma.

Uma possível estratégia para combater o mal, seria identificar os defeitos, hierarquizá-los, ordená-los por importância e verificar se existiriam relações de causa e efeito entre eles, se eventualmente haveria um *vício raiz* que, ao ser enfraquecido, causaria o enfraquecimento dos demais. De fato, em O Livro dos Espíritos, observa-se no item 913:

Dentre os vícios, qual o que se pode considerar radical?

"Temo-lo dito muitas vezes: o egoísmo. Daí deriva todo mal. Estudai todos os vícios e vereis que no fundo de todos há egoísmo. Por mais que lhes deis combate, não chegareis a extirpá-los, enquanto não atacardes o mal pela raiz, enquanto não lhe houverdes destruído a causa. Tendam, pois, todos os esforços para esse efeito, porquanto aí é que está a verdadeira chaga da sociedade. Quem quiser, desde esta vida, ir aproximando-se da perfeição moral, deve expurgar o seu coração de todo sentimento de egoísmo, visto ser o egoísmo incompatível com a justiça, o amor e a caridade. Ele neutraliza todas as outras qualidades."

Essa resposta nos induz a pensar que o candidato à melhoria espiritual e moral deve escolher como um dos seus principais objetivos, combater seriamente o egoísmo que exista em si mesmo.

Jesus, na parábola dos bodes e das ovelhas enfatiza a inconveni-ência do egoísmo, quando representa os que ainda não merecem

---

35 A redação dos Tópicos Complementares e dos anexos ao final deste livro são de autoria do organizador da versão em Português deste livro, Isoláquio Mustafa.

fruir a felicidade futura como os bodes que deixaram de praticar a assistência aos necessitados e, em consequência, sendo condenados para o "fogo do inferno". Observe-se que Jesus não condena apenas os que praticam o mal, a crueldade, que praticam crimes, mas também *aqueles que não praticam o bem, isto é, os egoístas*, mesmo que eles não façam o mal de forma ativa, mesmo que não cometam atos de agressividade ou que prejudiquem o próximo com suas ações. Jesus, condena a *omissão* em praticar o bem, em socorrer os sofredores, portanto, ele proscreve, reprova a simples indiferença, que é, enfim, egoísmo.

MAIS CONSIDERAÇÕES SOBRE A INCONVENIÊNCIA DO EGOÍSMO

Alguns correlacionam a desigualdade das riquezas ao egoísmo. Entretanto a desigualdade das riquezas sempre existiu e sempre existirá. A posse da riqueza é uma prova e pode ser uma missão também.

Deus concede ou permite a riqueza para uns e a miséria para outros para nos experimentar de diferentes formas.

Os ricos são tentados pelo egoísmo e pela avareza e se tornam felizes quando triunfam dessas tentações fortes e perigosas. Quando descobrem os prazeres espirituais do trabalho, do empreendimento construtivo e da generosidade, exultam em suas almas, descobrem prazeres desconhecidos da maioria dos homens ainda dominados pelo egoísmo. Quando se deixam levar pelo egoísmo e pelo orgulho, de cujas vigorosas tentações não souberam ou não quiseram subtrair-se, sentem o peso do remorso, até que se submetam à Lei de Deus que é Lei de Amor e Caridade.

Os pobres são tentados pelo queixume e pela revolta, mas se tornam felizes quando se submetem sem reclamações às limitações, às provas, à indiferença e ao desprezo de uma sociedade que unicamente valoriza as aparências e as posses.

Todos, entretanto, deverão um dia e ao longo das reencarnações experimentar a prova da riqueza.

A desigualdade da riqueza, portanto, não está necessária e fatalmente vinculada ao egoísmo. É uma condição social e que serve para o progresso intelectual e moral dos seres humanos.

Algumas pessoas pensam que a supressão da desigualdade das riquezas eliminará os males sociais. Trata-se de um sofisma, de um raciocínio aparentemente verdadeiro, mas que é falso. A respeito dos que pensam ser a igualdade absoluta das riquezas o remédio aos males da sociedade, os amigos espirituais nos dizem de forma bastante sábia e lógica:

> *São sistemáticos esses tais, ou ambiciosos cheios de inveja. Não compreendem que a igualdade com que sonham seria a curto prazo desfeita pela força das coisas. **Combatei o egoísmo, que é a vossa chaga social**, e não corrais atrás de quimeras. (Resposta à pergunta 811 a) de O Livro dos Espíritos. (**Grifei**)*

Além de a carapaça do egoísmo ser o mal individual provocador de todos os outros males, também é a nossa "chaga social", como nos ensinam as sábias inteligências que revelaram a Doutrina Espírita.

Identificação do Egoísmo

Dentre os dificultadores em superar-se o egoísmo, encontramos as atitudes dos seres humanos ante pessoas de projeção e que estão cheias de egoísmo, de indiferença e frieza pelos sofrimentos alheios. As atitudes a que nos referimos são de louvor e consideração a tais pessoas egoístas, que são também orgulhosas e deixam seus sentimentos alimentarem-se, ou melhor, envenenarem-se pela bajulice de seus subordinados que fingem fazer o papel de amigos.

Tais pessoas egoístas recebem os encômios, os elogios dos bajuladores e os transformam em força para seu egoísmo, frieza, indiferença e ilusão de superioridade. Assim, chafurdam progressivamente na ilusão, na insensibilidade e nas trevas da alma.

Nossa sociedade condena muitos crimes, mas frequentemente não condena o egoísmo. Quando alguém nega o benefício à pessoa sofredora, muitos dizem que tal negativa se trata de um direito seu, afinal seus bens são resultado de seu trabalho.

Nada mais justo do que fruírem todo o resultado dos seus esforços sem ajudarem a ninguém. Esquecem-se de que as conquistas passageiras são concessões do Pai Celestial, sem cuja permissão nada se pode fazer.

O egoísmo, entretanto, não é privilégio de pessoas ricas. Há pobres egoístas também. O egoísmo não está nas posses e sim no coração das pessoas. Conhecemos uma família muito pobre, proveniente de zona rural, que residia em uma comunidade recém assentada nas redondezas de uma cidade do interior. Essa comunidade havia fugido de sua fazenda produtiva por razões de violência e medo de vingança.

Visitamos algumas daquelas famílias; adentramos vários barracos feitos de ripas, galhos de árvore e barro.

Em uma das casas, dirigimos a palavra ao pai da família indagando se ele gostaria que o encaminhássemos para algum trabalho. Havia na casa o pai, a mãe e algumas crianças pequenas. Em resposta à nossa indagação, o jovem pai indicou um dos filhos que era deficiente e disse: não precisamos trabalhar, nosso filho recebe benefício por ser deficiente. O dinheiro dá para a sobrevivência de toda a família.

Admirados, surpresos e talvez até perplexos, insistimos, mas em vão. Deixamos o barraco e nos dirigimos à nossa residência meditando sobre o aprendizado: Sem a intenção de julgar o rapaz, com as poucas informações que temos dele,

interpretamos o fato como preguiça e acomodação. Se trabalhasse, certamente poderia ofertar uma vida mais digna para a família, além de exemplificar a nobre atitude do trabalho aos filhos, seus entes queridos.

PRODIGALIDADE EXAGERADA E SEM CRITÉRIO

Algumas pessoas consideram que superar o egoísmo é distribuir tudo o que têm com os pobres e assumir uma vida de pobreza também.

Alguns acreditam que a prodigalidade, ou seja, doar dinheiro, bens em profusão, significa superação do egoísmo. Nem sempre isso é verdade: há casos em que as pessoas se desfazem de suas fortunas para não assumirem a responsabilidade de administrá-la em proveito próprio e em proveito do progresso, de geração de empregos e de incentivo ao desenvolvimento. Pode ocorrer que tais atitudes denotem mais indolência do que verdadeiro desprendimento.

Outros efetuam compras em excesso; há os que acabam por incidirem no hábito indesejável de compras compulsivas, sob pretexto de que consumindo muito acionam os negócios, que por sua vez geram empregos. Esquecem-se esses tais (que certamente pensam mais nos excessos de consumo e no luxo do que realmente nos que se beneficiam com o funcionamento da economia) que realizar investimentos inteligentes, bem planejados e que tragam novos progressos e valores, são alavancas muito mais poderosas do progresso e do bem-estar, do que o consumo despropositado e às vezes patológico.

RIQUEZA E SUA FUNÇÃO

A missão das grandes fortunas é gerar riqueza, não somente material, mas principalmente riqueza tecnológica e de inteligência. Trata-se de um recurso que pode multiplicar oportunidades de trabalho e com isso as fortunas investidas em empreendimentos têm a função de prevenir a miséria e induzir o homem a ganhar o pão com a dignidade do trabalho.

Decisões de investimentos, entretanto, nem sempre são simples. Muitas vezes exigem conhecimento, inteligência estratégica, disciplina, capacidade de realizações; de realizações objetivas e bem estruturadas. São desafios para o empreendedor sério e honesto, mas que se seus empreendimentos obtiverem êxito estarão espalhando trabalho, progresso e bem-estar favoráveis a muitas pessoas.

AÇÕES QUE PODEM SER CONSIDERADAS COMBATE AO EGOÍSMO

ESSA MIGALHA

AUTA DE SOUZA

No reino de teu lar em paz celeste,
Repara quantas sobras de fartura!...
O pão dormido que ninguém procura,
O trapo humilde que não mais se veste...

Do que gastaste, tudo quanto reste,
Arrebata o melhor à varredura
E socorre a aflição e a desventura
Que respiram gemendo em noite agreste!...

Teu gesto amigo florirá perfume,
Bênção, consolo, providência e lume
Na multidão que segue ao desalinho...

E quando o mundo te não mais conforte,
Essa leve migalha, além da morte,
Fulgirá como estrela em teu caminho.

Do livro Auta de Souza, psicografado pelo médium Francisco Cândido Xavier. – Editora: IDEAL.

Há situações em que o necessitado tem condições de ser o protagonista, o autor de sua recuperação, mas não sabe como fazer, nem possui hábitos favoráveis à obtenção do necessário. É o caso de se oferecer orientações, consultorias, capacitações, terapias e cursos.

Existem muitas pessoas que apesar de possuírem bens e renda suficientes para viver, necessitam de orientação em suas decisões. Há outros que não possuem orientações morais. Por vezes, nem sequer estão conscientes de suas reais necessidades. Orientar-lhes e exemplificar boas atitudes e boas ações é uma forma inteligente de ajudar e também de superar o próprio egoísmo.

EXERCÍCIOS DE AMOR. O MELHOR COMBATE AO EGOÍSMO

Um meio muito eficaz de se combater o egoísmo e praticar o amor ao próximo é desenvolver o gosto, o prazer de praticar o bem. Isso pode ser obtido nas tarefas sociais; tarefas que se desenvolvem em centros espíritas, em igrejas, onde se ora pelos sofredores. Nos grupos espíritas, pratica-se a aplicação de passes, a instrução em comum, a divulgação do conhecimento imortalista e evangélico, visita aos enfermos, campanhas em favor das instituições de caridade, trabalhos de desobsessão, etc.

As pessoas que participam de atividades como essas, descobrem o quão bom é ajudar. Se realizarem essas atividades com método, disciplina e por tempos prolongados, desejarão continuar a praticar o bem para sempre.

Descobrirão que há muitas formas de ajudar, descobrirão que existem formas materiais de assistência, mas que outra forma há: a ajuda moral. Perceberão que existem muito mais pessoas do que imaginamos que são sofredoras por causas puramente morais; muitas dessas pessoas são pobres, mas as há também ricas e em grande número.

Assim entenderão que caridade pode ser definida como: benevolência para com todos, indulgência para com as imperfeições alheias e perdão das ofensas. Além obviamente da ajuda material, quando essa for necessária.

Nossos recursos de ajudar nem sempre são suficientes. Nesta situação podemos pedir a quem possui em favor de quem necessita.

Visão das necessidades totais do ser que se deve beneficiar: Valor do intangível. Doação do tangível e do intangível.

O ser humano não é composto só de corpo. Possui também uma alma, ou melhor o ser humano é uma alma imortal que possui temporariamente um corpo. Assim, as necessidades humanas são de alimento, moradia, vestimenta e outros bens materiais.

Mas para atender a essas necessidades é necessário desenvolver o trabalho que será bem-sucedido se for executado com inspiração em valores intangíveis: dedicação, inteligência, conhecimento, disciplina, capacidade de bem relacionar-se com colegas, patrões, clientes, capacidade de organizar-se, etc.

Nos dias atuais os bens econômicos mais valorizados são: informação, conhecimento, capacidade de formular e executar projetos, organização, disciplina, inteligência cognitiva, inteligência emocional.

Por isso, quando abordarmos um necessitado para ajudá-lo, vamos percebê-lo em sua condição integral, corpo e principalmente alma com suas potencialidades.

Colaboremos para que ele se sinta estimulado a por em prática suas capacidades latentes.

Qual o meio de destruir-se o egoísmo?

(...) O egoísmo se enfraquecerá à proporção que a vida moral for predominante sobre a vida material e, sobretudo, com a compreensão, que o Espiritismo vos faculta, do vosso estado futuro, real e não desfigurado por ficções alegóricas.

(O Livro dos Espíritos item 917)

Além de essa percepção de necessidades espirituais e comportamentais ampliar nossa capacidade de ajuda, o conhecimento a respeito da sobrevivência ajudará poderosamente na superação do egoísmo de cada um de nós.

Outro exercício necessário no processo de combate ao egoísmo é assumir o

compromisso de lembrar frequentemente e interrogar a si mesmo se está cumprindo com os ensinos:

- Faze ao próximo o que quer que eles te façam.
- Não faça aos outros o que não gostarias que te fizessem.

Leitura Complementar

Recomendamos ao leitor a leitura do texto abaixo, sublinhando os trechos que mais o tocaram, e que mais sente precisam ser trabalhados em si mesmo.

A PIEDADE

A piedade é a virtude que mais vos aproxima dos anjos; é a irmã da caridade, que vos conduz a Deus. Ah! Deixai que o vosso coração se enterneça ante o espetáculo das misérias e dos sofrimentos dos vossos semelhantes. Vossas lágrimas são um bálsamo que lhes derramais nas feridas e, quando, por bondosa simpatia, chegais a lhes proporcionar a esperança e a resignação, que encantos não experimentais! Tem um certo amargor, é certo, esse encanto, porque nasce ao lado da desgraça; mas, não tendo o sabor acre dos gozos mundanos, também não traz as pungentes decepções do vazio que estes últimos deixam após si. Envolve-o penetrante suavidade que enche de júbilo a alma. A piedade, a piedade bem sentida é amor; amor é devotamento; devotamento é o olvido de si mesmo e esse olvido, essa abnegação em favor dos desgraçados, é a virtude por excelência, a que em toda a sua vida praticou o divino Messias e ensinou na sua doutrina tão santa e tão sublime.

Quando esta doutrina for restabelecida na sua pureza primitiva, quando todos os povos se lhe submeterem, ela tornará feliz a Terra, fazendo que reinem aí a concórdia, a paz e o amor.

O sentimento mais apropriado a fazer que progridais, domando em vós o egoísmo e o orgulho, aquele que dispõe vossa alma à humildade, à beneficência e ao amor do próximo, é a piedade! Piedade que vos comove até às entranhas à vista dos sofrimentos de vossos irmãos, que vos impele a lhes estender a mão para socorrê-los e vos arranca lágrimas de simpatia. Nunca, portanto, abafeis nos vossos corações essas emoções celestes; não procedais como esses egoístas endurecidos que se afastam dos aflitos, porque o espetáculo de suas misérias lhes perturbaria por instantes a existência álacre. Temei conservar-vos indiferentes, quando puderdes ser úteis. A tranquilidade comprada à custa de uma indiferença culposa é a tranquilidade do mar Morto, no fundo de cujas águas se escondem a vasa fétida e a corrupção.

TRANSFORMAÇÃO INTERIOR

Quão longe, no entanto, se acha a piedade de causar o distúrbio e o aborrecimento de que se arreceia o egoísta! Sem dúvida, ao contato da desgraça de outrem, a alma, voltando-se para si mesma, experimenta um confrangimento natural e profundo, que põe em vibração todo o ser e o abala penosamente. Grande, porém, é a compensação, quando chegais a dar coragem e esperança a um irmão infeliz que se enternece ao aperto de uma mão amiga e cujo olhar, úmido, por vezes, de emoção e de reconhecimento, para vós se dirige docemente, antes de se fixar no Céu em agradecimento por lhe ter enviado um consolador, um amparo. A piedade é o melancólico, mas celeste precursor da caridade, primeira das virtudes que a tem por irmã e cujos benefícios ela prepara e enobrece.

– MIGUEL (Bordéus, 1862.)

(O Evangelho Segundo o Espiritismo – Capítulo XIII - Item 17).

UM FILME CHAMADO "SI MESMO"

Na hora da morte, apresenta-se, para grande maioria dos seres humanos, imagens em forma de visão cinematográfica de todas as ações, pensamentos e sentimentos – componentes da vida que vem de encerrar-se. Essa visão desdobra-se ante a memória do moribundo, em velocidade fantástica; em poucos segundos, apresenta-se toda a existência em detalhes, do nascimento à morte.

Sensações de alegria e bem-estar, acompanham a recordação das feitos nobres,generosos e dos progressos realizados; essas alegrias e prazer da alma podem alcançar níveis elevados, desconhecidos da humanidade.

Sensações de tristeza, de arrependimento, de dor moral, muitas vezes superlativas, acompanham a recordação de ações, pensamentos e sentimentos menos dignos.

Muitas torpezas que gostaríamos de ocultar de nós mesmos parecem erguer-se das cinzas do passado e nos obrigam a contemplar a parte escura do eu.

Por desdobrar-se de modo ainda mais imprevisível do que a própria morte, essa visão surpreende-nos e frequentemente nos deixa perplexos.

Contudo, o que ocorrerá quase que obrigatoriamente e de uma só vez, pode ser tratado voluntária e gradualmente. Podemos assistir a este filme em que nós somos os principais artistas, aos poucos, a cada dia.

Como fazê-lo?

A primeira providência para produção de um filme é compor um *script*; à medida que estudamos este livro, anotamos em folhas de papel, os pontos da ética cristã que mais precisam ser trabalhados por nós mesmos, os conceitos que mais nos chamam a atenção. Ao encerrar cada sessão, guardamos a folha com as anotações. Ao final do estudo, teremos um pequeno caderno.

Esse caderno será nosso companheiro. Mesmo após o estudo ter finalizado, continuaremos anotando os princípios éticos que desejamos trabalhar, os hábitos que necessitam de corrigenda, os sentimentos que precisam ser substituídos, etc.

As anotações são individuais e interessam a cada um de nós, a Deus e ao nosso anjo de guarda espiritual.

Continue refletindo sobre você mesmo; utilize como auxiliar os ensinos de Santo Agostinho contidos no item 919 a de O Livro dos Espíritos e a listagem das 13 virtudes de Franklin (vide anexos I, II e III deste livro)

Esse caderno vai mudando com o tempo. Nele existem defeitos, conflitos que você anota, mas com o tempo não tem mais sentido porque você conseguiu superá-los.

Ele, o caderno, se transformará em um livro. Guarde-o com cuidado. Se você tiver acesso a um computador, mantenha-o no computador, mas guarde-o com uma senha; num primeiro momento, esse *script* só interessa a você. Será um auxiliar para você conhecer a si mesmo e esse conhecimento vai facilitar a superação dos seus erros. Vai ajudar na conquista das virtudes, melhorar o seu relacionamento com as pessoas e fortalecerá as condições básicas da saúde e do bem-estar interior.

Leia o livro que você está escrevendo, a história em que você é o principal ator ou atriz. O livro será conhecido pelo título: SI MESMO. Releia-o, vez por outra.

Suponha que se esse livro seja convertido em script para um filme. Imagine-se assistindo a esse filme, não tenha medo de encarar toda a verdade. Mas lembre-se que se você tem defeitos, tem também virtudes e grande potencial para alcançar belas qualidades e um autodesenvolvimento imenso. Compare novamente você com o ideal de grandeza, de amor e de virtude que deseja ser. Recorde-se do que disse Jesus: Amai o próximo como a si mesmo, fazei ao próximo tudo o que gostaríeis que o próximo vos fizesse, não façais ao próximo o que não gostaríeis que o próximo te fizesse.

Lembre-se sempre:

Acima de tudo você é filho(a) de Deus. Ele está sempre com você inspirando-o(a) e encorajando-o(a) para você realizar seu crescimento espiritual.

ANEXO 1

AGENDA MORAL – DIÁRIA

Ao final do dia, fazer uma prece pedindo inspiração a Deus e aos bons espíritos.

Procurar acalmar-se, respirar devagar. Passar em revista e analisar todo o comportamento do dia, por meio de perguntas nítidas, precisas, que nos levem a ter que dar respostas também categóricas, objetivas como um "sim" ou um "não":

1. Deixei de cumprir algum dever?[36]
2. Alguém teve motivo para de mim se queixar?[37]

Podemos afirmar que essas duas perguntas se constituem base para o autoexame.

Elas se relacionam com os princípios fundamentais da moral cristã: "Amai a Deus sobre todas as coisas e o próximo como a si mesmo". Se a pessoa fizer apenas essas perguntas e procurar responder com

---

36 Pode-se perguntar: Quais os nossos deveres, quais os meus deveres. Esses deveres estão indicados pelas leis humanas e pela Lei Eterna de Deus. Nossos deveres fundamentais são:

1. Amar a Deus sobre todas as coisas – Ao Eterno devemos dirigir nosso pensamento e nosso coração, logo ao despertar. Devemos nos submeter à Sua Vontade e às Suas Leis, sábias, justas e misericordiosas.

2. A melhor forma de amar a Deus é amar Seus filhos; é fazer ao próximo tudo o que gostaríamos que nos fosse feito. Apliquemos esse conceito ao exame de nossos deveres para com: pais, cônjuge, filhos, todos os parentes, vizinhos, colegas de trabalho, todos os encarnados e desencarnados, todos os seres da Natureza, por mais ínfimos que sejam.

37 Não se trata de saber se alguém queixou-se de mim, mas sim se teve motivo de queixa contra mim. Há pessoas que por educação não são dadas à reclamação; muitas vezes têm seus direitos desrespeitados mas não se queixam, às vezes silenciam e limitam-se a orar.

3. Para obter resposta a esta pergunta, refletir sobre o preceito cristão: Não façais ao próximo o que não gostaríeis que o próximo vos fizesse.

sinceridade para consigo mesma, já poderá obter condições iniciais de realizar o seu progresso moral consciente.

Incluir nessas questões também os pensamentos e intenções. Pensemos se o que está em nossas mentes e em nossos corações fosse concretizado, se os pensamentos, sentimentos e intenções se transformassem em ações, como as qualificaríamos segundo o critério exposto neste anexo?

Ao final dos trabalhos da tarde, computar a soma do bem e do mal praticado, preenchendo a planilha de Franklin.

Ler as treze virtudes e marcar ao lado, na linha da virtude, um "X" naquela virtude em que falhou. Todos os dias marcar um X nas falhas do dia. Desmarcar um X na virtude que conseguiu praticar e na deficiência contrária que conseguiu superar.

Treze Virtudes de Benjamin Franklin							
VIRTUDES	MARCAR COM UM "X" NOS QUADROS ABAIXO, NA LINHA CORRESPONDENTE À VIRTUDE DESCUMPRIDA. APAGAR O "X" QUANDO VOLTAR A CUMRPIR A VIRTUDE CORRESPONDENTE						
Temperança							
Silêncio							
Ordem							
Resolução							
Frugalidade							
Diligência							
Sinceridade							
Justiça							
Moderação							
Limpeza							
Tranquilidade							
Castidade							
Humildade							

A tabela das Treze Virtudes de Franklin será usada também em periodicidade semanal. A utilização diária, que estamos comentando nesse anexo tem o objetivo de nos esclarecer a respeito de nossos defeitos, a utilização semanal terá o objetivo de facilitar o exercício das virtudes e de aquisição de bons hábitos.

ANEXO 2

AGENDA MORAL DIÁRIA –
APROFUNDAMENTO DA AUTOANÁLISE

Sempre que o exame das duas perguntas do anexo 1 não for suficiente para nos dar segurança se a ação, pensamento, intenção ou sentimento que estamos analisando são bons ou maus, aprofundar o exame de consciência com as seguintes indagações:

• Se tal ação fosse feita por outra pessoa, eu censuraria? Se a ação é má quando feita por outra pessoa, não pode tornar-se boa apenas porque fui eu quem a pratiquei.

• Fiz alguma coisa que não ousaria confessar? Eu ousaria publicar essa ação?

• Se aprouvesse a Deus chamar-me neste momento, teria que temer o olhar de alguém, ao entrar de novo no mundo dos Espíritos, onde nada pode ser ocultado?

• Fiz alguma coisa contra Deus, contra o próximo ou contra mim mesmo?

• O que meus semelhantes pensam de tal ou qual ação que pratiquei?

• Quais as críticas que meus inimigos me fazem? (Deus, muitas vezes coloca em nosso caminho os inimigos para servirem de "espelho" e nos dizerem a verdade sem mascará-la; os inimigos nos advertem de modo mais franco do que o fazem nossos amigos);

Não temos inimigos; temos instrutores.

Autor desconhecido

• Ao ler ou ouvir pensamentos, textos e palestras a respeito da legítima moral cristã observar o que lhe chama mais a atenção, o que mais nos toca.

AGENDA MORAL SEMANAL

Para adquirir virtudes é necessário exercitá-las constantemente até que se tornem bons hábitos. Para obter o resultado desejado, fazer como Franklin: dedicar-se semanalmente a praticar com mais atenção uma das treze virtudes (vide Tabela no anexo 1 acima).

Após identificados os aspectos de nós mesmos que precisam ser modificados, e as virtudes que precisam ser desenvolvidas, sugerimos:

3.   anotar o erro que deve ser reparado ou o hábito que deve ser modificado;

4.   pedir forças a Deus, a Jesus e ao Anjo de Guarda para superar as atrações do mal;

5.   fazer meditações pensando no defeito a ser superado;

5a. refletir sobre os prejuízos morais, físicos e na saúde que o defeito específico provoca em nós e nos nossos entesqueridos;

5b. entender os benefícios da superação do defeito que está sendo analisado; pensar nesses benefícios, dizer parasi próprio que é possível vencê-lo;

4.   Mentalizar o conjunto de ações necessárias para a superação e para a conquista das virtudes visualizar o caminho que precisa ser percorrido nessa conquista; pedir energias a Deus, a Jesus e ao Anjo de Guarda para desenvolver as virtudes que Jesus recomendou;

5.   observar e imitar pessoas e personagens históricos (Jesus, Francisco de Assis, Paulo de Tarso, Agostinho e outros) que conquistaram a virtude pretendida;

6.   incluir compromisso de vencer as limitações morais na agenda pessoal (na agenda utilizada para as tarefas do dia-a-dia);

7. perseverar apesar dos eventuais fracassos que experimentar. Insistir sempre na prática do bem e nos esforços para vencer os próprios defeitos.

8. Sempre que observar algum pensamento negativo em si, substituir esse mal pensamento por um pensamento bom.

9. Fazer o bem constantemente e repetir as boas ações para que se tornem habituais e que a sua prática passe a ser natural.

AGENDA MORAL TRIANUAL

Com base na afirmação de Emmanuel, constante da mensagem abaixo, "Espírita que não progride durante três anos sucessivos permanece estacionário", entendemos que é adequado estipularmos para nós mesmos o compromisso de dedicar mais intensa atenção à nossa Transformação Moral, a cada três anos.

Nesta linha de raciocínio, sugerimos a participação a cada três anos em evento educativo que aborde o tema, nos convide a mais profundas reflexões a respeito de nosso comportamento e nos ensine as técnicas de autoconhecimento e de Transformação Moral. Esta participação poderá ser feita como ouvinte, aluno ou monitor.

Essa participação repetida e trianual tem por objetivo manter vivo em nós o compromisso de estudo permanente de nós mesmos e busca contínua da virtude e da auto superação.

Vale observar que, apesar de Emmanuel na mensagem que segue, dirigir-se aos espíritas, o compromisso de Transformação Moral é de todos, independentemente da crença que adotemos.

"Examinemos a Nós Mesmos"

Livro dos Espíritos - item 919.

"O dever do espírita-cristão é tornar-se progressivamente melhor.

Útil, assim, verificar, de quando em quando, com rigoroso exame pessoal, a nossa verdadeira situação íntima.

Espírita que não progride durante três anos sucessivos permanece estacionário.

—   Testa a paciência própria: Estás mais calmo, afável e compreensivo?

—   Inquire as tuas relações na experiência doméstica: Conquistaste mais alto clima de paz dentro de casa?

– Investiga as atividades que te competem no templo doutrinário: Colaboras com mais euforia na seara do Senhor?

– Observa-te nas manifestações perante os amigos: Trazes o Evangelho mais vivo nas atitudes?

– Reflete em tua capacidade de sacrifício: Notas em ti mesmo mais ampla disposição de servir voluntariamente?

– Pesquisa o próprio desapego: Andas um pouco mais livre do anseio de influência e de posses terrenas?

– Usas mais intensamente os pronomes "nós", "nosso" e "nossa" e menos os determinativos "eu", "meu" e "minha"?

– Teus instantes de tristeza ou de cólera, surda, às vezes tão conhecidas somente por ti, estão presentemente mais raros?

– Diminuíram-te os pequenos remorsos ocultos no recesso da alma?

– Dissipaste antigos desafetos e aversões?

– Superas-te os lapsos crônicos de desatenção e negligência?

– Estudas mais profundamente a Doutrina que professas?

– Entendes melhor a função da dor?

– Ainda cultivas alguma discreta desavença?

– Auxilias aos necessitados com mais abnegação?

– Tens orado realmente?

– Teus ideais evoluíram?

– Tua fé raciocinada consolidou-se com mais segurança?

– Tens os verbo mais indulgente, os braços mais ativos e as mãos mais abençoadoras?

– Alegria é Evangelho no coração: - Estás de fato, mais alegre e feliz intimamente, nestes três últimos anos?

Tudo caminha! Tudo evolui! Confiramos o nosso rendimento individual com o Cristo!

Sopesa a existência hoje, espontaneamente, em regime de paz, para que não te

vejas na obrigação de sopesá-la amanhã sob o impacto da dor.

Não te iludas! Um dia que se foi é mais uma cota de responsabilidade, mais um passo rumo à Vida Espiritual, mais uma oportunidade valorizada ou perdida.

Interroga a consciência quanto à utilidade que vens dando ao tempo, à saúde e aos ensejos de fazer o bem que desfrutas na vida diária.

Faze isso agora, enquanto te vales do corpo humano, com a possibilidade de reconsiderar diretrizes e desfazer enganos facilmente, pois, quando passares para o lado de cá, muita vez, já será mais difícil..."

(XAVIER, Francisco Cândido; VIEIRA, Waldo. Opinião Espírita. Pelos Espíritos Emmanuel e André Luiz. CEC.)

"Reconhece-se o verdadeiro espírita pela sua transformação moral e pelos esforços que emprega para dominar suas más inclinações".

Allan Kardec – O Evangelho Segundo o Espiritismo – Cap XVII – Sede Perfeitos Item 4.

Bibliografia

Bibliografia

BOOKS BY ALLAN KARDEC

KARDEC, Allan. *Genesis, Miracles and Predictions.* Trans. H. M. Monteiro. New York: USSF, 2019.

——————. *The Gospel according to Spiritism.* Trans. H. M. Monteiro. New York: USSF, 2020.

——————. *Heaven and Hell.* Trans. Trans. H. M. Monteiro. New York: USSF, to be published by 2021.

——————. *The Mediums' Book.* Trans. H. M. Monteiro. New York: USSF, 2020.

——————. *The Spirits' Book.* Trans. N. Alves, J. Korngold, H. M. Monteiro. 3rd ed. New York: USSC/USSF, 2020.

——————. *Spiritist Journey in 1862.* Trans H. M. Monteiro. New York: USSF, 2019.

——————. *The Spiritist Review –1858.* Trans L. A. V. Cheim, J. Korngold. New York: USSC/USSF, 2015.

——————. *The Spiritist Review –1859.* Trans L. A. V. Cheim, J. Korngold, J. C. Madden. New York: USSC/USSF, 2015.

——————. *The Spiritist Review –1860.* Trans L. A. V. Cheim, J. Korngold, J. C. Madden. New York: USSC/USSF, 2016.

——————. *The Spiritist Review –1861.* Trans L. A. V. Cheim, J. Korngold. 2nd ed. New York: USSF, 2018.

——————. *The Spiritist Review –1862.* Trans L. A. V. Cheim, J. Korngold, J. C. Madden. 2nd ed. New York: USSF, 2019.

——————. *The Spiritist Review –1863.* Trans L. A. V. Cheim, J. Korngold, J. C. Madden. New York: USSF, 2020.

Note: *In 2020 and following years, the five remaining volumes of The Spiritist Review, comprising all issues from years 1864–1868 are scheduled to be published in brand-new English translations by the USSF in New York.*

**UNITED STATES
SPIRITIST FEDERATION**
New York – USA

Book portal: https://is.gd/ussf1

Made in the USA
Middletown, DE
12 August 2024

58498547R00124